档案信息资源开发与利用研究

戚龙琦　杨宏娇　陈雪华　著

图书在版编目（CIP）数据

档案信息资源开发与利用研究 / 戚龙琦，杨宏娇，陈雪华著． -- 西安：陕西科学技术出版社，2024.12.
ISBN 978-7-5369-9113-2

Ⅰ．G272

中国国家版本馆 CIP 数据核字第 2024N8X588 号

DANGAN XINXI ZIYUAN KAIFA YU LIYONG YANJIU
档案信息资源开发与利用研究
戚龙琦　杨宏娇　陈雪华　著

责任编辑	郭　勇　赵　冰
封面设计	卫晨亮
出 版 者	陕西科学技术出版社
	西安市曲江新区登高路1388号陕西新华出版传媒产业大厦B座
	电话（029）81205187　传真（029）81205155　邮编710061
	http://www.snstp.com
发 行 者	陕西科学技术出版社
电　　话	（029）81205180　81205190
印　　刷	北京四海锦诚印刷技术有限公司
规　　格	720mm×1000mm　　16开本
印　　张	10
字　　数	160千字
版　　次	2024年12月第1版
印　　次	2025年1月第1次印刷
书　　号	ISBN 978-7-5369-9113-2
定　　价	68.00元

版权所有　翻印必究

前 言

在当今数字时代,信息资源的开发和利用愈发重要。档案作为重要的信息载体,不仅承载着历史的记忆,更是传承文化的重要纽带。随着科技的迅猛发展,档案信息资源的开发和利用也呈现出新的趋势和挑战。

档案信息资源的开发,是指通过有效整理、数字化和存储档案信息,使其更易于获取和利用。在这个过程中,档案管理者需要充分利用现代技术手段,建立高效的档案管理系统,以确保信息的准确性和完整性。同时,开发人员也需要不断完善技术,提升信息资源的利用价值,推动档案信息资源在数字化时代的广泛应用。

而档案信息资源的利用,则是指在开发的基础上,将档案信息应用到各个领域,丰富人们的学习和生活。无论是学术研究、文化传承,还是政府管理、企业发展,档案信息资源都具有重要的作用和意义。通过深入挖掘和利用档案信息资源,可以帮助人们更好地了解历史、发展未来,推动社会的进步和发展。

然而,档案信息资源的开发和利用面临着一些挑战和问题。档案信息资源的保护和安全问题备受关注,如何确保档案信息的安全性和保密性是当前亟待解决的难题。档案信息资源的开发与利用需要一定的技术支持和人才培养,如何提升相关人员的专业水平和技能成为当前的重要任务。档案信息资源的开发和利用需要不断创新和更新,如何引入创新理念和技术手段,提升档案信息资源的使用效率和效果,亦是当前需要思考的问题。

因此,本书将围绕档案信息资源开发与利用展开深入探讨,旨在探讨如何更好地发掘和利用档案信息资源,推动档案工作的持续发展。希望通过专家们的研究和讨论,能够为档案信息资源的开发与利用提供新的思路和方法,为档案事业的发展贡献力量,共同建设一个数字化时代的档案信息资源体系,助力社会的繁荣和进步。

本书由戚龙琦、杨宏娇、陈雪华撰写,兰岚、唐光辉、邱正芳、姚佳辰、朱晓红对整理本书书稿亦有贡献。

目 录

第一章 档案信息资源开发与利用的理论框架 1
    第一节 档案信息资源概念及分类 1
    第二节 档案信息资源开发 4
    第三节 档案信息资源利用 6

第二章 档案信息资源开发的研究方法 10
    第一节 调查研究方法 10
    第二节 实验研究方法 18
    第三节 统计分析方法 29

第三章 档案信息资源利用的实证分析 40
    第一节 档案信息资源的分类及特点分析 40
    第二节 档案信息资源利用的影响因素分析 48

第四章 档案信息资源开发的案例研究 60
    第一节 电子档案信息资源开发案例分析 60
    第二节 纸质档案信息资源开发案例研究 65
    第三节 档案信息资源开发与地方文化挖掘 75
    第四节 档案信息资源开发与文化传承 87

第五章 档案信息资源开发与利用的政策建议 95
    第一节 制定档案信息资源开发和利用的政策 95
    第二节 加强档案信息资源的整合利用 100
    第三节 健全档案信息资源的开放共享机制 110
    第四节 完善档案信息资源的管理保障 114

第六章 未来档案信息资源开发与利用研究的展望 124
    第一节 未来档案信息资源发展趋势 124
    第二节 档案信息资源利用技术发展趋势 131
    第三节 未来档案信息资源开发与利用的政策保障 140

参考文献 153

第一章 档案信息资源开发与利用的理论框架

第一节 档案信息资源概念及分类

一、档案信息资源定义

档案信息资源开发与利用一直是信息资源开发与利用领域中的重要议题。档案信息资源是指由档案机构管理的各类实体档案和档案载体中所蕴涵的信息资源，是一种特殊的信息资源形态。档案信息资源的分类很多，主要可分为实体档案和电子档案两大类。实体档案包括纸质档案、磁性档案、光盘档案等，电子档案则包括数字化的图像、文本、音视频等形式。档案信息资源的定义主要是指这些档案中所包含的各类信息，包括文字、图片、声音、视频等形式，具有一定的历史、文化和价值意义。档案信息资源的开发利用是指通过各种手段和方法，利用档案信息资源中的有用信息，满足社会各个领域的需求，推动知识创新和文化传承。档案信息资源的开发与利用具有重要意义，可以促进信息资源的共享和传播，保护历史文化遗产，促进科学研究和社会进步。

二、档案信息资源分类

档案信息资源一直是学术界和社会各界关注的焦点之一。为了更好地开发和利用档案信息资源，我们首先需要明确档案信息资源的概念和分类。档案信息资源是指通过对档案材料进行整理、加工和利用而形成的信息资源。根据档案的特点和内容不同，档案信息资源可以分为不同的分类，主要包括公共档案信息资源、企业档案信息资源、科研档案信息资源等。每一类档案信息资源都具有其独特的特点和文化内涵，对于研究者和社会公众来说，都具有重要的价值和意义。通过深入了解和分类档案信息资源，可以更好地开发和利用其潜在的价值，为社会发展和学术研究提供有力支持。

三、档案信息资源特点

档案信息资源是指以档案为载体的各类信息资源，主要包括公文档案、机构档案、科研档案、个人档案等，具有独特的历史、文化和价值特点。档案信息资源可以根据内容和形式进行分类，包括文字、图片、声音、视频等多种形式，内容涵盖政治、经济、文化、科技等各个领域。其特点包括保真性、真实性、完整性、可靠性和时效性等，具有重要的历史研究和文化传承价值。通过开发和利用档案信息资源，可以更好地体现历史文化的传承，推动学术研究和社会发展。

档案信息资源所呈现的丰富内容和形式，在历史、文化和社会领域都具有重要意义。公文档案记录了政治决策和行政管理的全过程，是政府决策和政策实施的依据；机构档案展示了组织结构和运行规则，是组织运作和管理的基础；科研档案包含了科技研究的过程和成果，是科学发展和创新的宝贵资料；个人档案则反映了个体生活和经历，是家族传承和个人身份的见证。

文字、图片、声音、视频等多种形式的档案信息资源，反映了不同社会、文化和历史背景下的方面。这些信息资源的保真性和真实性，对于历史的还原和研究具有重要价值；完整性和可靠性，则是学术研究和文化传承的基石；时效性则能够帮助我们及时了解和把握当下社会的变化和发展趋势。

通过开发和利用档案信息资源，我们可以更好地了解历史的发展轨迹，推动历史文化的传承和发展；加深学术研究的深度和广度，促进学术界的交流和合作；服务于社会发展和政策制定，为社会提供可靠的数据支持和参考。档案信息资源的挖掘和利用，既是对历史的尊重和发扬，也是对现实的把握和改进。

档案信息资源是一种珍贵的文化遗产，是一座连接过去、现在和未来的桥梁。我们应当珍惜、利用好这些资源，让历史的记忆永存，让文化的瑰宝发扬光大。

四、档案信息资源的分类方法

档案信息资源的分类方法主要包括按照获取形式分类和按照内容分类两种方式。按照获取形式分类可分为原始档案和复制档案两类，而按照内容分类则可以根据档案的主题内容、形式、时限等方面进行划分。在实际应用中，通常会根据具体的研究需求和利用目的来选择合适的分类方法，以更好地开发和利用档案信息资源。

原始档案是指未经处理或加工的有形档案，一般包括手抄本、手稿、手绘图、手工印刷品、留声机唱片等。而复制档案则是指通过复制技术生成的档案，如复印件、影印件、缩微胶片、数码复制品等。这两类档案信息资源在开发和利用过程中，需要根据其特点采取不同的处理方法，以确保信息的完整性和可靠性。

按照内容分类，档案信息资源可以根据其主题内容进行分类，如政治档案、社会档案、经济档案、文化档案等。还可以根据档案的形式进行分类，如文件档案、图像档案、声像档案等。根据时限进行分类也是一种常见的方法，如永久档案、长期档案、短期档案等。

选择合适的分类方法可以有助于更好地组织和管理档案信息资源，提高其利用效率和价值。通过对不同类别档案的整理、编目和数字化处理，可以更便捷地实现对档案信息资源的检索和利用，为相关研究和应用提供有力支撑。因此，对档案信息资源的分类方法进行深入研究和应用实践具有重要意义。

五、档案信息资源的开发与利用意义

档案信息资源是人类社会发展的产物，是记录、保存、传递信息的重要载体。对于档案信息资源的开发与利用意义来说，可以说是至关重要的。档案信息资源的种类繁多，可以分为文字档案、图片档案、声像档案等多种类型。这些档案信息资源记录了人类社会的历史、文化、科技等各个方面的发展。通过对档案信息资源的开发与利用，可以更好地了解历史、保护文化遗产、促进科技创新等方面发挥着重要作用。

档案信息资源的开发与利用具有重要的实践意义，可以促进社会各方面的发展。通过对档案信息资源的开发，可以更好地保护和传承历史文化，挖掘和利用这些宝贵的资源，为社会发展提供有力支撑。同时，对档案信息资源的利用可以促进科研工作的深入开展，为科技创新提供丰富的素材和依据。对档案信息资源的开发与利用也可以促进教育事业的发展，为学生和教师提供更加全面、准确的信息资源，促进教学质量的提升。可以说，档案信息资源的开发与利用对于社会的发展和进步具有重要的推动作用。

档案信息资源的开发与利用意义重大且多方面。只有充分发挥档案信息资源的作用，才能更好地服务于社会的发展和进步，实现信息资源的最大价值。在未来的发展中，我们需要更加重视对档案信息资源的开发与利用，努力挖掘和保护这些宝贵的资源，为社会的进步贡献自己的力量。只有这样，我们才能更好地实现信息资源的共享和传承，推动社会不断向前发展。

信息资源的开发与利用不仅是在促进科研工作和教育事业中发挥重要作用，还对社会的各个领域产生深远影响。例如在经济发展中，档案信息资源的充分利用可以帮助企业更好地了解市场需求、竞争对手的情况，从而制定更加科学的经营策略，提高竞争力。政府部门也可以通过档案信息资源的开发与利用更好地制定政策，推动社会经济稳定和可持续发展。

在文化传承方面，档案信息资源的挖掘和保护可以帮助人们更加深入地了解历史文化，传承优秀传统文化，促进民族精神的传承和弘扬。同时，档案信息资源的利用也可以为文化产业的发展提供重要支撑，推动文化产品的创新和推广，丰富人们的精神文化生活。

档案信息资源的开发与利用还可以在社会管理和公共服务方面发挥作用。例如

在环境保护和城市规划中，利用档案信息资源可以更好地了解环境变化和城市发展历程，为未来发展提供科学依据。在社会治理和公共服务方面，档案信息资源的利用也可以帮助政府更好地了解民众需求，提高政府服务水平，构建和谐社会。

因此，档案信息资源的开发与利用对于社会的发展和进步具有不可替代的重要作用。只有充分发挥这些宝贵资源的作用，不断完善档案信息资源的管理和利用方式，才能更好地实现信息资源的共享和传承，推动社会不断向前发展，迎接更加美好的未来。

第二节　档案信息资源开发

一、档案信息资源的数字化

档案信息资源的数字化是指将传统纸质档案转化为数字化形式，以便更好地进行管理、存储和利用。随着信息技术的不断发展，数字化档案信息资源已经成为信息管理领域的重要趋势。数字化档案可以实现信息的快速检索和共享，提高信息资源的利用效率，促进信息资源的开发和利用。数字化档案的建设不仅可以保护原始档案的完整性和可持续性，还可以为学术研究、教学和社会服务提供更加便捷、高效的信息支持。数字化档案信息资源还可以与其他信息资源进行整合，构建更加完善的信息资源共享平台，为科研人员和学者提供更好的学术交流与合作平台。因此，数字化档案是信息资源开发与利用的重要手段和途径，对于推动信息资源利用的创新发展具有重要的意义。

二、档案信息资源的整理与加工

档案信息资源开发是指对档案中蕴藏的信息进行整理与加工，以便更好地提供给相关研究者和社会公众进行利用。在整理过程中，首先需要对档案信息资源进行分类和索引，以便能够方便地找到所需的信息。需要对档案信息资源进行数字化处理，将其转化为电子格式，实现信息的数字化存储和检索。还需要对档案信息资源进行加工，如数据清洗、质量检验等，以确保信息的准确性和完整性。通过这些整理和加工作，可以更好地利用档案信息资源，促进学术研究的发展，推动社会文化的传承和创新。

三、档案信息资源的共享与传播

档案信息资源的共享与传播对于促进信息资源的开发和利用起着至关重要的作

用。通过共享档案信息资源,可以实现信息的广泛流通和传播,进而推动学术研究和社会发展的进步。共享的档案信息资源能够为研究人员提供更多的参考和借鉴,为教育工作者提供更多的教学素材,为社会大众提供更多的了解和探索空间。同时,共享档案信息资源也可以进一步丰富和完善现有的信息资源库,为后续研究和应用提供更为丰富的基础。通过传播档案信息资源,可以让更多的人了解和认识到档案信息资源的重要性和价值,激发大众的学习热情和创新潜力。传播档案信息资源不仅可以促进学术交流和合作,还可以推动文化传承和历史记忆的传承,为社会和国家的发展提供更为可靠的信息支撑。因此,档案信息资源的共享与传播是当前信息资源开发与利用的重要方向之一,需要加强相关研究和实践,推动档案信息资源的有效利用和价值实现。

档案信息资源的共享与传播是信息时代的必然产物,其重要性不言而喻。共享档案信息资源不仅可以促进学术研究和教育教学的进步,也可以为社会大众提供更多的了解和探索空间。通过共享和传播档案信息资源,我们可以让更多人认识到其重要性和价值,从而激发学习热情和促进创新。不仅如此,共享档案信息资源还可以进一步丰富和完善现有的信息资源库,为后续研究和应用提供更为丰富的基础。同时,传播档案信息资源也可以促进学术交流与合作,推动文化传承和历史记忆的传承,为社会与国家的发展提供更为可靠的信息支撑。因此,档案信息资源的共享和传播不仅是当前信息资源开发与利用的重要方向,更是推动社会发展与文明进步的重要基石。为了实现档案信息资源的有效利用和价值实现,我们需要不断加强相关研究与实践,积极推动档案信息资源共享与传播工作的不断深化和完善。让档案信息资源成为推动社会进步的重要力量,为构建美好未来注入新的活力和动力。

四、档案信息资源的保护与安全

在档案信息资源的开发与利用过程中,保护档案信息的安全性显得尤为重要。数据加密是一种常见的保护措施,能够有效地防止未授权用户访问档案信息。采用高强度的加密算法对档案信息进行加密处理,可以有效地提高数据的安全性,确保档案信息不被窃取或篡改。

权限管理也是保护档案信息安全的重要手段。建立科学的权限管理机制,设置不同级别的权限,限制不同用户对档案信息的访问和操作权限,可以有效地防止内部人员恶意篡改或泄露档案信息。

备份与恢复也是保护档案信息安全的关键措施之一。定期对档案信息进行备份,确保数据的完整性和可靠性,一旦出现数据丢失或损坏的情况,及时进行数据恢复,减小数据损失的风险,维护档案信息资源的可持续性和稳定性。

然而，在档案信息资源的保护与安全方面，仍然存在一些挑战和隐患。例如，信息安全技术不断升级，黑客技术也在不断发展，对档案信息的安全性提出了更高的要求；同时，人为因素也是档案信息安全的薄弱环节，员工的安全意识和操作规范不足，往会给档案信息的安全带来风险。

因此，必须加强对档案信息资源的保护和安全管理，健全安全管理制度，加强员工安全教育培训，及时更新安全技术和措施，不断提升档案信息资源的安全保障水平，确保档案信息的安全利用和可持续发展。

在当前数字化信息技术飞速发展的背景下，档案信息资源的保护与安全问题显得尤为重要。在信息安全技术不断升级的今天，黑客技术的不断发展给档案信息的安全性提出了更高的挑战。人为因素也是档案信息安全的一大隐患，员工的安全意识和操作规范不足可能会给档案信息的安全带来潜在风险。

为了更好地保护档案信息资源的安全，需要加强对档案信息的保护和安全管理。建立健全的安全管理制度至关重要，确保各项安全规定得以贯彻执行。加强员工的安全教育培训，提高员工对信息安全的重视和意识，从而减少人为因素对档案信息安全的影响。及时更新安全技术和措施，不断提升档案信息资源的安全等级，以适应信息安全环境的不断变化。

在档案信息资源的保护与安全方面，应当综合运用多种手段，建立起完善的安全保障体系，确保档案信息的安全利用和可持续发展。只有如此，才能有效应对日益增长的安全风险，保障档案信息资源的完整性和可靠性，实现档案信息资源的可持续性和稳定性，为社会发展和进步提供有力保障。

第三节　档案信息资源利用

一、档案信息资源利用方式

档案信息资源的开发利用是档案事业中至关重要的一环。在当今信息化社会，档案信息资源的开发利用已经成为各行各业的重要组成部分。在这个过程中，不同形式的档案资源被应用于各种各样的领域和用途。

档案信息资源被广泛用于研究领域。历史学家、社会学家、文化研究者等学者经常借助档案信息资源进行研究工作，以解决各种问题。通过对档案中的信息进行深入分析，他们能够揭示历史事件的真相、探讨社会变迁的原因，甚至揭示个体生活轨迹。档案信息资源为研究者提供了珍贵的素材和数据，为学术研究提供了有力支持。

档案信息资源在教学中也发挥着重要作用。教育工作者可以利用档案资源来设计教学内容、丰富教学方法、引导学生探索知识。通过档案信息资源的利用，学生能够更加深入地了解历史、传统文化、社会发展等方面的知识，真实感受到历史的魅力和教育的力量。

档案信息资源还被应用于展览和保护领域。通过展览，人们可以更好地了解本国的历史文化、发展进程、传统风俗等方面的信息。同时，档案信息资源的保护也是至关重要的工作。对于珍贵的档案信息资源，应该加强保护工作，确保其长久保存和传承。

总的来说，档案信息资源的开发利用具有广泛的应用范围和重要意义。只有深入挖掘和充分利用这一资源，才能更好地弘扬文化遗产、推动学术研究、促进教育发展，从而实现档案事业的可持续发展。

二、档案信息资源利用工具

档案信息资源的开发和利用离不开各种工具的支持。数据库是其中最常见和重要的工具之一。数据库能够对档案信息资源进行有效管理和存储，方便用户进行检索和获取所需信息。通过数据库，用户可以根据不同的检索条件和关键词快速定位和筛选出所需的档案信息，提高了信息的利用效率。

检索系统也是档案信息资源利用的重要工具之一。检索系统能够对档案信息资源进行全文、元数据等多维度的检索，大提高了用户获取信息的准确性和及时性。通过检索系统，用户可以灵活地组合各种查询条件，快速找到自己需要的信息，满足各种研究和工作需求。

随着数字化技术的日益发展，数字化平台成为档案信息资源开发和利用的重要工具之一。数字化平台能够将传统的纸质档案信息资源转化为电子格式，使其更易于保存、传播和利用。通过数字化平台，用户可以随时随地访问和管理档案信息资源，实现信息的共享和交流。数字化平台还能够基于非结构化数据进行信息挖掘和分析，发现隐藏在档案信息资源中的规律和价值。

总的来说，档案信息资源的开发和利用工具有多种多样，每种工具都有其独特的特点和功能，能够满足不同用户的需求。然而，如何更好地利用这些工具，发掘档案信息资源的潜力，仍然是一个亟待解决的问题。需要进一步研究和探讨，在不断实践中不断优化和完善，提高档案信息资源的活用效率和价值。

三、档案信息资源利用效果评价

档案信息资源的利用效果评价是评估档案信息资源开发与利用工作的重要手

段。评价档案信息资源的利用效果主要包括定量和定性两个方面。定量评价主要从档案信息资源的利用率、使用频率、访问量等数据来衡量，可以通过统计分析软件对相关数据进行分析，从而评估档案信息资源的利用效果。定性评价则主要从用户满意度、信息获取效率、信息可信度等方面进行评价，可以通过用户调查、访谈等方式进行评估。

然而，在评价档案信息资源的利用效果过程中也存在一些问题和挑战。首先是评价指标的选择问题，由于档案信息资源的特殊性，评价指标往需要根据具体的档案资源内容和类型进行选择，而且标准化的评价指标体系尚未形成，这给评价工作带来了一定的困难。其次是评价方法的问题，当前的评价方法多集中在定量评价上，定性评价方法相对不足，如何建立科学合理的评价方法也是一个亟待解决的问题。最后是评价结果的可信性问题，目前的评价结果往受到评价者主观因素的影响，如何确保评价结果的客观性和可信性也是一个重要挑战。

要解决这些问题，可以通过建立完善的评价指标体系，引入新的评价方法，加强评价结果的验证和比对等方式来提升档案信息资源利用效果评价的科学性和准确性。同时，也需要加强档案信息资源开发与利用工作的监督和评估，从而更好地推动档案信息资源的利用效果。

在档案信息资源利用效果评价方面临的各种问题和挑战，需要我们从多个方面寻找解决之道。我们应该加强对评价指标体系的建设和完善，确保选择的指标符合具体的档案资源内容和类型。同时，引入新的评价方法能够为评价工作带来新的思路和方式，定性评价方法的增加也能够更全面地评估档案信息资源的利用效果。在评价结果的可信性问题上，可以通过加强验证和比对工作来提高评价结果的客观性，确保评价结果不受主观因素的影响。

除此之外，针对档案信息资源利用效果评价的科学性和准确性，我们还需要加强档案信息资源开发与利用工作的监督和评估。只有通过持续不断的监督和评估，我们才能更好地把握档案信息资源的利用效果，及时调整工作方向，推动档案信息资源的更加有效利用。通过以上努力和探索，相信我们一定能够克服种困难与挑战，提升档案信息资源利用效果评价的科学性和准确性。最终实现推动档案信息资源的有效利用，为档案工作的发展做出更大的贡献。

四、档案信息资源利用案例分析

档案信息资源的利用是一个复杂的过程，需要充分发挥档案信息的潜力，从中获取有价值的信息。然而，在实践中，我们也发现了一些问题。

在一些机构中，档案信息资源的开发与利用并不得当。例如，有的档案管理部

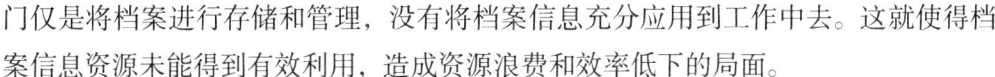

门仅是将档案进行存储和管理，没有将档案信息充分应用到工作中去。这就使得档案信息资源未能得到有效利用，造成资源浪费和效率低下的局面。

有些机构在档案信息资源的利用过程中存在信息保密不足的问题。一些机构在利用档案信息资源时，泄露了一些不应公开的信息，造成了信息安全隐患。这也提醒我们在档案信息资源利用中要加强信息保密意识，确保信息的安全性和完整性。

还有一些机构在档案信息资源的利用上存在技术不足的问题。有的机构虽然积累了大量的档案信息资源，但是缺乏有效的技术手段进行挖掘和分析，使得档案信息资源无法充分发挥其潜力。这就需要我们加强技术研究与开发，提升档案信息资源的利用效率和价值。

档案信息资源的开发与利用是一个持续探索的过程，需要我们充分认识到其中存在的问题和挑战，从中吸取经验教训，不断改进和完善档案信息资源的利用模式，实现信息资源的最大化利用和推动机构发展的目标。

在档案信息资源利用过程中，除了信息安全和技术不足带来的问题外，还存在着其他挑战。例如，一些机构在利用档案信息资源时存在着利益冲突和资源浪费的情况。由于档案信息资源的庞大量，机构往难以有效管理和分类，造成了信息冗余和混乱。档案信息资源的利用也需要与人才培养和管理相结合，缺乏专业人员的引导和支持会影响档案信息资源的有效利用。

为了解决这些挑战和问题，需要建立健全的档案信息资源管理制度，加强对档案信息资源的分类整理和更新维护工作，确保信息的准确性和完整性。同时，需要加强对档案信息资源利用人员的培训和指导，提升他们的专业水平和信息安全意识，从而更好地实现档案信息资源的最大化利用。

还可以积极引入新技术，如人工智能和大数据分析等，提升档案信息资源的利用效率和水平，实现信息资源的智能化管理和应用。同时，可以加强与相关部门和机构的合作，共享档案信息资源，推动信息资源的互联互通，促进信息资源的共享和共赢。

总的来说，档案信息资源的开发与利用是一个复杂而艰巨的任务，需要我们不断改进和创新，加强管理和人才培养，引入新技术和推动合作共享，从而实现档案信息资源的最大化利用，促进机构发展和社会进步。只有不断努力和探索，才能将档案信息资源真正转化为推动机构发展的有力支撑力量。

第二章 档案信息资源开发的研究方法

第一节 调查研究方法

一、问卷调查

(一) 设计问卷内容

设计问卷内容：通过仔细设计的问卷内容，我们可以更好地了解档案信息资源开发与利用的研究方法。问卷涵盖了各个方面，包括研究目的、调查对象、调查内容等，旨在获取全面的信息。设计问卷内容时需要注意问题的相关性和针对性，确保问卷能够准确反映研究的实际情况，提高数据的可靠性和有效性。通过问卷调查，研究者可以收集大量的信息和意见，为研究提供重要参考。在设计问卷内容时，需要考虑到受访者的特点和研究的需求，以确保问卷调查的顺利进行和结果的准确性。

(二) 问卷发放与回收

问卷发放与回收是一种常见的调查研究方法，通过向特定群体发放一份有针对性的调查问卷，收集被调查对象的观点、意见和反馈，从而得到相关数据。问卷发放的过程需要精心设计调查问题，确保问题清晰明了，避免歧义。在选择发放方式时，需要考虑到被调查对象的特点和习惯，以确保问卷能够被有效回收。问卷回收是收集被调查对象填写的问卷，包括主动回收和被动回收两种方式。主动回收是由研究者主动向被调查对象收集填写好的问卷，而被动回收是被调查对象主动将填写好的问卷交还给研究者。问卷回收的过程需要及时跟进，督促被调查对象如期回收问卷，保证数据的准确性和完整性。通过问卷调查的方法，可以深入了解被调查对象的态度、看法和偏好，为研究提供有力的支持和数据基础。

(三) 数据整理与分析

在进行档案信息资源开发与利用的研究过程中，调查研究方法是至关重要的一环。通过问卷调查，可以收集大量的信息和数据，为后续的研究提供必要的支撑。在收集完数据之后，对数据进行整理与分析，可以帮助我们更好地理解档案信息资源的特点和规律,从而制定有效的开发和利用策略。数据整理与分析的过程虽然可能会比较繁琐和复杂,但是却是非常必要的。只有通过深入分析和挖掘数据,我们才能得出有价值的研究结论,为档案信息资源的开发与利用提供科学依据。因此,在进行档案信息资源开发与利用的研究时,我们必须重视调查研究方法,合理设计问卷调查,认真进行数据整理与分析,确保研究结果的科学性和可靠性。只有这样,我们才能实现档案信息资源的充分开发与有效利用。

(四)结果展示与解释

在研究档案信息资源开发的过程中,调查研究方法是至关重要的。通过问卷调查,我们可以收集大量的实时数据,并通过统计分析和结果展示,来揭示档案信息资源开发的实际情况和问题。结果展示与解释不仅有助于全面了解研究对象的态度和行为,还可以为进一步研究提供重要的参考依据。这种方法既可以检验假设,又可以发现新的研究问题,为档案信息资源开发的实践提供理论支持和实证依据。在研究过程中,要注重结果的客观性和可靠性,以确保研究结论的科学性和说服力。通过调查研究方法,我们可以更好地了解档案信息资源的开发与利用,为推动档案事业的发展贡献自己的力量。

(五)结论总结

在研究档案信息资源开发与利用的过程中,调查研究方法起着至关重要的作用。通过问卷调查,我们可以获取大量的实际数据和意见,有助于深入了解现实情况。在调查的基础上,我们可以对数据进行分析和整理,最终得出结论总结。这一过程不仅可以为研究提供客观依据,也能够为档案信息资源的开发和利用提供有效的参考。通过不断地完善和改进调查研究方法,我们可以更好地把握研究方向,促进档案信息资源的发展。档案信息资源的开发与利用是一个系统工程,需要综合利用各种研究方法,不断探索创新。通过合理的调查研究方法和数据分析技术,我们可以更好地理解档案信息资源的特点和规律,进一步完善相关政策和制度,推动档案事业的发展。在未来的研究中,我们将继续深化调查研究方法的应用,不断提升研究水平,促进档案信息资源的更好开发与利用。

通过持续不断的深化调查研究方法的应用,我们可以更加全面地掌握档案信息资源的特点和规律。这将有助于我们更好地了解档案事业的发展趋势,为相关政策和制度的完善提供更有力的支持。在未来的研究中,我们将继续提升研究水平,努力挖掘档案信息资源的潜力,促进其更好的开发与利用。

调查研究方法的不断完善和改进,将为我们提供更为丰富和准确的数据支持,使我们能够更准确地把握市场需求和用户心理。这将为档案信息资源的开发和利用提供更具有前瞻性的依据，帮助我们更好地预测未来发展趋势，加强档案事业的战略规划。

在研究过程中，我们还将不断探索创新，尝试运用新的研究方法和数据分析技术。这将有助于我们更深入地挖掘档案信息资源的内涵和机制，为其更有效地开发和利用打下坚实基础。通过持续的努力和创新，我们相信档案信息资源的潜力将得到更全面的释放，为社会信息化进程注入新的动力。

总的来说，在对调查研究方法的不断探索和完善中，我们将不断提升研究水平，推动档案信息资源的更好开发与利用。通过合理的研究方法和数据分析技术，我们有信心能够更好地服务社会、满足用户需求，为档案事业的长远发展贡献我们的力量。

二、访谈法

(一) 确定访谈对象

确定访谈对象：在进行档案信息资源开发的研究过程中，明确定访谈对象是非常关键的一步。通过访谈法，我们可以深入了解相关领域专家、从业人员以及用户群体的观点和需求，进一步探讨档案信息资源的开发和利用问题。通过与访谈对象的交流，可以获取更加具体、实用的信息，为研究提供重要的数据支持。通过合理选择访谈对象，并运用科学的访谈技巧，可以使研究更加准确、全面，为档案信息资源的开发与利用提供有力的支持。

在确定访谈对象的过程中，我们需要仔细考虑研究的目的和需求，以选择合适的被访对象。针对档案信息资源开发的研究，我们可以选择那些在相关领域具有丰富经验和专业知识的专家进行访谈，他们可以提供宝贵的见解和建议。同时，也可以选择从事档案信息资源管理工作的从业人员，他们对实际操作和技术细节有深刻理解，能够为研究提供实用性的信息。还可以考虑面向用户群体进行访谈，他们是最终使用档案信息资源的人群，他们的需求和反馈能够帮助我们更好地调整和完善开发方案。通过与不同类型的访谈对象交流，可以获取多样化的观点和反馈，为研究提供更全面的数据支持。要确保访谈对象的代表性和多样性，以获得更具说服力和适用性的结果。在选择访谈对象的过程中，需要谨慎考虑各种因素，包括专业背景、工作经验、研究领域等，以确保访谈的有效性和可靠性。通过合理选择访谈对象，并灵活运用各种访谈技巧，可以使研究更加深入、全面，为档案信息资源的开发与利用提供有力支持。

（二）制定访谈大纲

对于档案信息资源开发与利用的研究，访谈法是一种重要的调查研究方法。通过制定访谈大纲，研究者可以有针对性地进行深入的访谈，获取研究对象的观点和经验，从而全面了解档案信息资源的开发和利用情况。制定访谈大纲需要根据研究的具体目的和问题确定访谈内容和问题，确保访谈过程中能够获取有用的信息和数据，为后续研究提供有效的支持和参考。通过访谈法和制定访谈大纲，研究者可以深入了解档案信息资源的开发与利用现状，发现问题和挑战，并提出相应的解决方案和建议，促进档案信息资源的充分利用和发展。

（三）访谈录音与整理

通过访谈法可以获取更加深入和全面的档案信息资源开发研究数据，访谈录音是将访谈内容记录下来的一种方式，而整理则是对录音内容进行梳理和总结，以便后续分析和研究。访谈过程中，研究者需要有耐心倾听被访谈者的观点和经验，同时要有良好的沟通能力和谨慎的表达方式，以确保获取真实有效的信息。通过访谈录音和整理，研究者可以更清晰地了解被访谈者的看法和认识，有利于深入挖掘档案信息资源开发的实际情况和存在问题，为进一步研究提供重要的数据支持。在整理过程中，研究者需要做好材料的归类整理和分析总结工作，确保数据的准确性和可靠性，为研究结论的得出奠定基础。访谈录音和整理是档案信息资源开发研究中常用的调查研究方法，通过精心设计访谈问题和灵活运用整理技巧，可以获得富有启发性和深度的研究成果，促进档案信息资源开发领域的进步和发展。

（四）数据分析与归纳

在进行档案信息资源开发与利用研究时，调查研究方法是至关重要的。其中，访谈法是一种常用的研究方法，通过与相关领域专家和实践者进行深入交流，可以获取到实际案例和经验。数据分析与归纳也是必不可少的步骤，通过对大量数据进行整理、分类和总结，可以发现潜在规律和蕴含的信息。综合运用这些调查研究方法，可以深入了解档案信息资源的开发现状和存在的问题，为进一步利用和发展提供指导和支持。在研究过程中，我们必须注意方法的科学性和准确性，确保研究结果的可靠性和可信度。通过不懈努力和精心研究，我们相信档案信息资源开发与利用的研究将获得更大的突破和进展。

在进行数据分析与归纳时，我们需要系统地收集、整理和分析各种与档案信息资源相关的数据。通过对数据的深入挖掘和分析，可以发现其中隐藏的规律和信息，进而指导我们更好地开发和利用档案信息资源。数据分析与归纳的过程需要仔细谨慎，确保每一个步骤都经过科学严谨的处理。

同时，在对数据进行分析与归纳的过程中，我们也需要结合调查研究方法，如访谈法等，来获取更为全面和深入的信息。通过与相关领域专家和实践者的交流，我们可以获得实际案例和经验，进一步丰富我们的研究内容，为研究结果的准确性与可信度提供支持。

综合运用各种调查研究方法和数据分析技术，我们可以更好地了解档案信息资源的开发现状和所面临的问题。通过对数据进行分类、整理和总结，我们能够揭示出其中的潜在价值和规律，并为进一步的利用和发展提供清晰的指导和支持。

在研究过程中，我们需不断强调方法的科学性和可靠性，保证研究结果的严谨性和可信度。只有通过持续努力和精心研究，我们才能够实现档案信息资源开发与利用研究的更大突破和进展，为档案事业的发展贡献我们的力量。

三、实地调研

(一) 确定调研地点

在进行档案信息资源开发与利用的研究过程中，实地调研是一种非常重要的研究方法。通过实地调研，可以直接了解并收集目标地区的具体情况和问题，为研究提供更加真实和全面的数据支持。确定调研地点时，需要根据研究的具体内容和目的选择合适的地点，以确保调研的有效性和科学性。因此，在选择调研地点时，需要综合考虑各种因素，包括地理位置、历史背景、文化特征等，以确保调研能够顺利进行并取得预期的研究成果。在确定调研地点后，研究人员需要提前做好调研准备工作，包括制定详细的调研方案、准备必要的调研工具和材料等，以确保调研能够顺利进行并获取准确有效的调研数据。通过实地调研，研究人员可以深入了解并掌握目标地区的实际情况，为进一步开展研究工作提供重要支持和参考。

(二) 收集相关资料

在进行档案信息资源开发与利用的研究过程中，调查研究方法至关重要。实地调研是一种常见的方法，通过对实际情况的观察和记录，可以获取更为真实和准确的数据和信息。同时，收集相关资料也是必不可少的步骤，只有通过汇总和整理相关的文献资料，才能够建立起完整的信息资源库，为研究提供充分的支撑和依据。在研究过程中，要善于利用各种调查研究方法，将实地调研与文献资料收集相结合，才能够全面地了解档案信息资源的开发与利用情况，为进一步深入研究提供有力的支持和保障。

(三) 数据记录与整理

在进行档案信息资源开发与利用的研究过程中，调查研究方法起着至关重要的作用。通过实地调研，可以全面了解档案信息资源的实际情况，为后续研究工作提供数据支持。在进行实地调研的过程中，对于数据的记录与整理是必不可少的步骤。只有将调研过程中获得的数据进行详细记录和整理，才能确保研究的准确性和完整性。数据记录与整理不仅包括对调研过程中收集到的信息进行详细记录，还需要对数据进行分类、整理和分析，以便后续能够更好地利用这些数据开展研究工作。因此，在进行档案信息资源开发与利用的研究过程中，调查研究方法、实地调研和数据记录与整理是相辅相成的，缺一不可。只有通过科学的调查研究方法，扎实的实地调研和精确的数据记录与整理，才能为档案信息资源的开发与利用提供可靠的数据支持，推动研究工作取得更好的效果。

在进行档案信息资源的开发与利用研究时，调查研究方法、实地调研以及数据记录与整理都是至关重要的环节。通过深入的调查研究，可以全面了解档案信息资源的实际情况，为后续研究工作提供充分的数据支持。而实地调研则可以让研究者更直观地感受到资源的真实情况，从而更准确地把握研究的重点和方向。数据记录与整理的工作同样不可或缺，只有将获取的信息进行系统化的记录和整理，才能确保研究的准确性和完整性。

在进行实地调研的过程中，研究者需要对获取的数据进行分类整理，并进行细致的分析工作。通过对数据的清晰记录和系统整理，可以更好地发现数据背后的规律和关联，为后续的研究工作提供有力的支持。数据记录与整理不仅是一种记录数据的过程，更是对数据进行深度挖掘和思考的过程，只有通过对数据的细致整理和分析，研究者才能更好地利用这些数据开展后续的研究工作。

因此，调查研究方法、实地调研和数据记录与整理是研究工作中密不可分的三个环节，彼此相辅相成。只有通过科学的调查研究方法，扎实的实地调研和精确的数据记录与整理，研究者才能为档案信息资源的开发与利用提供可靠的数据支持，推动研究工作取得更好的效果。在整个研究过程中，要注重数据的记录和整理工作，做到严谨、规范，确保研究工作的可靠性和有效性。

(四) 结果分析与总结

通过调查研究方法，可以更全面地了解档案信息资源开发与利用的现状和问题。实地调研是获取真实数据的重要途径，通过实地调研可以深入了解档案信息资源的实际情况。结果分析与总结是对调查研究所得数据进行分析和总结，找出问题所在并提出解决方案。对于档案信息资源的开发与利用，需要对调查研究方法进行合理运用，通过实地调研来获取真实数据，最终进行结果分析与总结，为提高档案信息资源的开发利用效率提供依据。

（五）发现与问题

在档案信息资源开发与利用的研究中，调查研究方法起着至关重要的作用。通过实地调研，研究人员能够深入了解实际情况，发现其中的问题和挑战。在调查的过程中，研究人员需要面对各种复杂的情况，同时保持客观、公正的态度，以确保所获得的信息准确可靠。通过认真分析调查数据，研究人员可以从中发现档案信息资源开发中存在的问题，并提出相应的解决方案。这些问题可能涉及档案资源的存储、管理、利用等方面，需要研究人员通过综合思考和深入研究，找到可行的解决方案。通过调查研究方法，研究人员能够准确把握档案信息资源开发的现状和趋势，为相关工作的进一步推进提供有力支持。

四、文献研究法

（一）收集相关文献资料

在进行档案信息资源开发与利用研究时，调查研究方法是至关重要的。通过实地调查和问卷调查，可以了解用户对档案信息资源的需求和利用情况，为相关研究提供数据支持。文献研究法也是一种重要的研究方法，可以通过查阅相关文献资料，了解档案信息资源开发的理论和实践经验，为研究提供参考和借鉴。收集相关文献资料是研究过程中必不可少的一步，可以从学术期刊、会议论文、专著等多方面获取信息，为研究提供理论支持和案例分析。通过这些研究方法的运用，可以更全面地了解档案信息资源开发与利用的现状和问题，为未来的研究工作提供指导。

在进行档案信息资源开发与利用研究时，不仅要重视调查研究方法，还需关注其他研究方法的运用。其中，案例研究法可帮助研究者深入了解具体案例的档案信息资源开发过程和成果，为研究提供实践经验和启示。实地观察也是一种有效的研究手段，通过亲身经历和观察，可以直观地了解档案信息资源开发实践中存在的问题和挑战。信息采集是关键环节之一，通过访谈专家学者和相关从业人员，可以获取宝贵的经验和见解，为研究提供丰富的实证数据。实验研究方法也有助于验证理论假设和分析档案信息资源开发的效果和影响，为研究提供科学依据和数据支持。综合运用多种研究方法，可以更加全面地把握档案信息资源开发与利用的实际情况，为相关研究领域的进一步发展提供有益参考和建议。

(二) 文献综述与归纳

文献综述与归纳是一种重要的研究方法，通过对相关文献进行深入的调查和分析，可以更全面地了解研究领域的现状和发展趋势。在档案信息资源开发与利用的研究中，文献综述与归纳是必不可少的步骤。通过文献综述，可以了解不同学者对于档案信息资源开发的看法和研究成果，从而为本研究提供理论依据和借鉴。通过对文献的深入归纳，可以总结出研究领域的主要问题和热点，为后续的研究提供方向和思路。通过文献综述与归纳，可以系统地整理和归纳已有的研究成果，为本研究提供宝贵的参考和启示。因此，文献综述与归纳是档案信息资源开发与利用研究中不可或缺的重要研究方法。

文献综述与归纳的重要性在于能够帮助研究者全面地了解所涉领域的历史演变和最新动态。通过仔细阅读相关文献，可以汲取前人经验，借鉴其成功经验和教训，为自身研究提供依据和启示。文献综述还可以帮助研究者了解当前研究领域存在的问题和挑战，为进一步深入研究提供线索和思路。通过对文献信息的归纳整理，研究者能够发现研究领域的热点和前沿问题，从而有针对性地展开研究工作，避免重复劳动，提高工作效率。文献综述还能够帮助研究者建立自己的独特视角和研究思路，从而为本研究提供新的思路和方法，推动研究领域的不断发展。总的来说，文献综述与归纳是研究过程中的一项重要工作，只有通过深入调查和分析，研究者才能更好地把握研究领域的脉络和方向，提高研究的质量和创新性。

(三) 信息筛选与整理

信息筛选与整理：在进行档案信息资源开发研究时，调查研究方法是至关重要的。通过文献研究法，研究者可以系统地搜集和整理相关文献资料，从而深入了解研究领域的最新进展和热点问题。信息筛选与整理是研究过程中不可或缺的环节，只有将海量的信息进行有效筛选和整理，才能确保研究结果的准确性和可靠性。通过科学的研究方法和严格的信息筛选与整理，研究者可以更好地发现问题、解决问题，推动档案信息资源的开发与利用。

(四) 文献评价与分析

在论文撰写过程中，文献评价与分析是一个至关重要的环节。通过对相关文献的仔细阅读和评价，研究者能够深入了解领域内的研究现状和前沿，从而为自己的研究提供更有力的支撑和指导。文献评价的过程不仅包括了对文献的真实性和可信度的评估，还需要进行文献内容的深入分析和综合比较。通过对文献的评价与分析，研究者能够更好地把握研究的方向和重点，避免重复他人工作的同时，也可以借鉴前人的研究成果，加速自己研究的进程并提高研究的质量。在档案信息资源开发与利用的研究中，文献评价与分析是至关重要的，只有通过对相关文献进行深入的评价和分析，研究者才能更好地把握研究的方向和重点，取得更好的研究成果。

(五) 结果呈现与讨论

研究结果显示，通过调查研究方法和文献研究法，我们能够深入了解档案信息资源的开发与利用情况，从而揭示出其中的问题和挑战。对于档案信息资源的开发与利用，我们需要充分利用各种调查研究方法，如问卷调查、访谈、观察等，以全面了解实际情况和需求。文献研究法也是不可或缺的一部分，通过查阅相关文献资料，我们可以汲取前人经验，理清学术思路，指导我们的研究方向和方法。在结果呈现与讨论中，我们需要客观地展示研究结果，并进行深入分析和探讨，以提出有效的解决方案和建议，推动档案信息资源的开发与利用工作取得更大的成效。通过不懈努力和持续研究，相信我们能够不断提升档案信息资源的开发与利用水平，为学术研究和社会发展做出更大的贡献。

第二节　实验研究方法

一、实验设计

(一) 确立实验内容

对于档案信息资源开发与利用的研究，确定实验内容是非常关键的一步。在确定实验内容时，可以采取调查研究方法，通过实地调查和问卷调查，了解相关领域的现状和需求。文献研究法也是一个重要的方法，通过查阅相关文献资料，了解前人的研究成果和经验，为实验内容的确定提供参考。在实验设计阶段，需要设计合理的实验方案，确保实验的可行性和有效性。通过实验研究方法，可以对档案信息资源开发的效果进行评估和验证，为实际应用提供依据。在确定实验内容时，需要充分考虑研究的目的和问题，确保实验的科学性和可靠性。只有在确立实验内容的基础上，才能开展有效的研究工作，推动档案信息资源开发与利用的进一步发展。

(二) 设计实验方案

在进行档案信息资源开发与利用的研究过程中，调查研究方法被广泛采用。通过对相关领域的实地调查和数据收集，可以深入了解档案信息资源的现状和发展状况。在文献研究法中，研究者可以通过查阅大量文献资料，了解相关理论和实践经验，为研究提供理论依据和实践指导。实验研究方法则是通过设计和实施一系列实验，验证档案信息资源开发的各种假设和理论模型。实验设计是实验研究方法的核心，需要根据研究目的和问题确定实验变量、控制条件，并设计实验方案来进行实验操作。设计实验方案的意义在于保证实验的科学性和可靠性，在一定程度上确保研究结论的客观性和可信度。通过上述研究方法的运用，可以全面系统地开展档案信息资源开发与利用的研究工作，为相关领域的发展提供有力支撑。

(三) 实施实验

实施实验是档案信息资源开发与利用研究的重要环节之一，通过实验可以验证研究者的假设，检验研究结果的可靠性和有效性。实施实验需要制定详细的实验方案和实验设计，明确实验的目的、内容、步骤和方法。在实验过程中，研究者需要严格按照实验设计和操作规程进行操作，确保实验结果的准确性和可靠性。同时，研究者还需要充分考虑实验的影响因素和可能出现的误差，采取相应的对策和措施，保证实验结果的科学性和可信度。在实施实验过程中，研究者还需要及时记录实验数据和观察结果，分析实验数据并进行统计处理，最终得出科学客观的结论。通过实施实验，可以为档案信息资源开发与利用研究提供重要的数据支持和科学依据，促进研究成果的进一步完善和深化。

在实施实验过程中，研究者需要时刻保持清醒头脑，保持专注和耐心。实验过程中可能会出现各种意外情况，需要及时调整实验方案和操作步骤，确保实验的顺利进行。同时，研究者还需要根据实验数据的变化情况及时调整实验策略，确保实验结果的有效性和可靠性。在实验中，研究者还需要遵守科学道德规范，确保实验过程的公正公平，避免数据造假和实验结果的失真。实施实验还需要与其他相关领域的研究者进行合作和交流，共同探讨实验中遇到的问题和挑战，促进研究成果的互相验证和进步。通过实施实验，不仅可以为档案信息资源开发与利用研究提供数据支持，还可以为相关领域的学术研究和实践工作提供参考和借鉴，推动整个领域的发展和进步。在实施实验过程中，研究者需要保持开放心态，不断学习和探索新的方法和技术，不断提高自身的研究水平和能力，为实验结果的科学性和准确性提供保障。

(四)数据收集

数据收集是档案信息资源开发研究中至关重要的一环,通过调查研究方法和实验研究方法获取所需信息。在进行数据收集时,研究者需要严格遵循实验设计,确保数据的可靠性和有效性。同时,文献研究法也是一种重要的数据收集手段,通过查阅相关文献资料,获取已有研究成果,为研究提供理论支持和参考依据。综合利用各种数据收集方法,可以全面、系统地获取档案信息资源开发过程中所需的数据,为研究提供充分的支撑和数据支持。数据收集的过程需要科学合理的安排和策划,确保数据的完整性和准确性,从而为档案信息资源开发的研究提供有力的数据基础。

在数据收集的过程中,研究者需要结合实际情况选择合适的研究方法,确保所获取的信息具有代表性和可靠性。数据的质量直接影响到研究结论的可信度和科学性,因此在数据收集过程中,保持严谨的态度和细致的操作至关重要。研究者还需要注意保护数据的隐私和保密性,确保信息不被泄露或篡改,从而保障研究的公正性和客观性。

除了实验和文献研究方法外,问卷调查、访谈等也是常用的数据收集手段。通过问卷调查可以快速获取大量的数据,而访谈则可以深入了解被调查者的态度和看法。在选择数据收集方法时,研究者需要根据研究目的和问题设计相应的调查问卷或访谈指南,保证数据的完整性和一致性。

研究者还应当注重数据的整理和分析。在数据收集完成之后,需要对所得数据进行归类整理,清理异常值并进行统计分析。通过数据分析,可以发现数据之间的关联性和规律性,为研究提供更深入的认识和解释。因此,数据收集不仅包括获取信息的过程,还包括对信息进行加工、分析和利用的过程,只有充分利用数据资源,才能为研究提供更有力的支撑和论证。

(五)结果分析与结论

通过调查研究方法和文献研究法,我们对档案信息资源开发与利用进行了深入分析和探讨。在研究过程中,我们采用了实验研究方法,并设计了一系列实验来验证我们的假设。通过实验设计和数据收集,我们得出了一些重要的结论。结果分析显示,档案信息资源的开发对于促进科学研究和知识传播具有重要意义。在实验过程中,我们发现了一些有价值的信息资源,并通过系统分析和整理,为后续研究提供了重要参考。结论部分对我们的研究成果进行了总结和概括,强调了档案信息资源的重要性和潜在的应用前景。通过本研究,我们为档案信息资源的开发与利用提供了一定的理论和实践基础,为相关学科领域的发展和创新做出了贡献。

通过深入分析和探讨档案信息资源的开发与利用，我们发现了许多令人惊喜的发现。实验研究方法的运用使我们找到了一些具有重要意义的线索，这些线索不仅促进了科学研究的进展，还有助于知识的传播和应用。在数据收集和系统分析的过程中，我们发现了一些宝贵的信息资源，这些资源为未来的研究奠定了坚实的基础。结果分析显示，档案信息资源的挖掘和利用对于学科领域的发展至关重要，它们能够为研究者提供丰富的素材和数据支持。

在整个研究过程中，我们对档案信息资源进行了充分的挖掘和整理，为学科领域的创新和发展提供了新的思路和方法。结论部分对我们的研究成果进行了全面总结，重点强调了档案信息资源的重要性和未来的应用前景。通过本次研究，我们不仅为档案信息资源的开发与利用提供了理论和实践基础，还为相关学科领域的进步做出了重要贡献。

总的来说，本研究为档案信息资源领域的深入探索和研究提供了新的视角和方向，为学术研究和实践应用提供了有力支持。我们相信，档案信息资源的开发与利用将会在未来的学术领域中扮演越来越重要的角色，为社会和科学技术进步注入新的活力和动力。愿我们的努力能够为这一领域的发展带来更多的创新成果和突破。

二、对比实验

（一）确定对比条件

在档案信息资源开发的研究过程中，确定对比条件是十分重要的。通过调查研究方法，可以在实验研究中运用对比实验，通过文献研究法来确定对比条件。对比实验是为了比较两种或多种不同情况下的结果，确定对比条件可以帮助研究者更加全面地认识问题的本质，进一步提高研究的深度和广度。在确定对比条件的过程中，需要充分考虑研究对象的特点，确保对比条件的设置合理有效，从而达到科学、客观、准确的研究目的。

在确定对比条件的过程中，研究者需要考虑到各种因素，如研究的目的、问题的性质、研究对象的特点等。通过对比条件的明确，研究者可以更好地设计研究方案，选择合适的研究方法，并有效地进行相关实验或文献调研。在对比实验中，不仅是简单的比较结果，更重要的是能够揭示问题的本质和规律性，帮助研究者进一步深入分析研究对象，找出其中的差异和联系。确定对比条件是研究过程中的关键环节，只有在这个环节中做好充分的准备工作，才能确保研究的科学性和客观性。同时，对比条件的合理设置还可以有效地避免一些可能出现的偏差，确保研究结果的准确性和可信度。因此，在进行研究时，研究者需要慎重考虑对比条件的确定，以确保研究的严谨性和有效性。在研究的过程中，研究者还应该不断总结经验，改进研究方法，为更深入的研究打下坚实的基础。通过确认对比条件，研究者可以更好地掌握研究过程中的关键环节，推动研究工作的顺利进行，为学术研究贡献更多有价值的成果。

（二）实施对比实验

实施对比实验是一种常用的研究方法，通过比较不同情况或不同组群之间的差异，来验证研究假设或推断。这种研究方法可以帮助研究者深入了解问题，从而更准确地得出结论。对比实验通常包括选择研究对象、设计实验方案、收集数据、分析结果等步骤，需要严格控制实验条件，以确保研究结果的可靠性和有效性。

在档案信息资源开发与利用的研究中，实施对比实验可以帮助研究者比较不同的档案信息资源开发方法或策略，找出最有效的方式。通过对比实验，研究者可以评估不同方法的优缺点，找出适合特定情境的最佳实践。同时，实施对比实验还可以帮助研究者探寻问题的深层原因，为进一步研究提供线索和解决方案。

总的来说，实施对比实验是档案信息资源开发与利用研究中一种重要的研究方法，能够帮助研究者深入探究问题，提高研究质量，为学术研究和实践应用提供有力支持。通过不断探索和实践，档案信息资源开发与利用的研究将迎来更加丰富和深入的发展。

（三）数据对比与分析

在档案信息资源开发与利用的研究中，调查研究方法被广泛运用。通过对相关领域进行深入的调查和研究，可以更全面地了解档案信息资源的开发现状和存在的问题。文献研究法也是一种重要的研究方法，通过查阅大量文献资料，可以了解到档案信息资源开发的理论基础和前沿技术。实验研究方法则可以通过实际操作和数据收集，验证档案信息资源开发的相关理论和方法的有效性。对比实验则是将不同的研究方法或理论进行对比分析，以找出最优的解决方案。数据对比与分析则是将不同实验中获得的数据进行对比和分析，以得出结论和建议。以上研究方法的综合运用，将有助于更好地推动档案信息资源的开发与利用。

三、控制实验

（一）设定控制参数

在研究档案信息资源开发的过程中，研究方法的选择和应用至关重要。调查研究方法是其中一种常用的研究方法，通过对相关群体进行问卷调查或访谈，可以获取到大量的信息和数据。同时，文献研究法也是必不可少的方法之一，通过对已有文献资料进行综合分析和整理，可以为研究提供重要的理论支持和参考。实验研究方法则可以通过实际操作和数据收集，验证研究假设和对档案信息资源开发的影响。在进行实验研究时，控制实验是非常重要的，通过设定控制参数，可以有效地消除干扰因素，确保实验结果的可靠性和科学性。设定控制参数是为了在实验过程中控制或排除其他可能影响结果的因素，从而确保实验结果的准确性和可靠性。在研究档案信息资源开发过程中，选择合适的研究方法并合理设定控制参数，将有助于提高研究的科学性和实用性，推动档案信息资源开发与利用的深入发展。

在进行实验研究时，除了设定控制参数外，还需要注意样本的选择和实验设计的合理性。合理选择样本可以增加研究的代表性和可靠性，而合理的实验设计可以确保实验结果的有效性和可比性。实验过程中的数据采集和分析也是至关重要的步骤，只有准确地收集和分析数据，才能得出准确的结论和研究成果。同时，在实验过程中，研究者需要保持客观中立的态度，避免主观因素的干扰，确保研究结果的科学性和客观性。在档案信息资源开发研究中，除了以上提到的方法和步骤外，还需要注重研究过程中的沟通与合作，可以与相关领域的专家或研究者进行交流和合作，共同探讨问题并提出解决方案。通过合作研究，可以充分借鉴他人的经验和观点，加深对研究主题的理解，促进研究的深入和发展。因此，在进行档案信息资源开发研究时，不仅需要注重方法的选择和实验设计的合理性，还需要关注团队合作和沟通交流的重要性，共同推动研究的进展和成果的取得。

(二) 实施实验

在档案信息资源开发与利用的研究过程中，实施实验是一种常见的研究方法。通过实施实验，研究人员可以验证其研究假设，获取实际数据和结果，进而对档案信息资源开发的效果进行评估。实施实验需要严格按照设计好的实验方案和步骤进行，以确保实验结果的可靠性和科学性。通过实施实验，研究人员可以深入了解档案信息资源的特点和规律，为进一步的研究和应用提供重要的数据支撑。在实施实验过程中，研究人员需要注意控制实验条件，保证实验结果的准确性和可比性，从而为档案信息资源的开发和利用提供科学依据。通过实施实验，可以不断完善档案信息资源的开发模式和方法，促进档案信息资源在学术研究和社会实践中的应用。

(三) 数据收集与结果比对

对于档案信息资源开发与利用的研究，调查研究方法是一种常用的方法。通过对相关机构或个体的实际情况进行调查和分析，可以获取大量的信息和数据，为后续的研究工作提供重要参考。文献研究法也是一种重要的研究方法，通过对已有的文献资料进行综合分析和比较，可以全面了解档案信息资源的开发现状和存在的问题。在研究过程中，实验研究方法也是一种重要的手段，通过设计和实施一系列实验，可以验证理论假设，探索新的研究思路。同时，为了保证实验结果的可靠性和有效性，还需要进行控制实验，排除干扰因素，确保实验结果的准确性。在数据收集阶段，研究者需要收集相关的数据资料，对数据进行整理和分析，最终形成研究结果。而在结果比对阶段，则需要将研究结果与已有理论或实践情况进行比对，验证研究结论的科学性和实用性。通过以上研究方法的运用，可以全面深入地探讨档案信息资源开发与利用的相关问题，为学术研究和实践应用提供重要参考。

在研究过程中，除了综合分析和实验研究方法外，调查和问卷调查也是一种常用的研究手段。通过设计并发送问卷调查，研究者可以获得参与者的反馈意见和建议，从而更好地了解他们对档案信息资源的需求和看法。采访也是一种重要的数据收集方式，研究者可以直接与相关人员进行深入交流，探讨研究问题，获取一手资料。在数据收集与整理阶段，研究者需要系统地归纳、整理和分析收集到的数据，确保数据的准确性和可靠性。在结果比对阶段，研究者需要将研究结果与相关文献进行比对，从而验证研究结论的科学性和实用性。通过采用多种研究方法和技术手段，研究者可以更加全面地了解档案信息资源开发现状和问题所在，为相关领域的学术研究和实践应用提供更有说服力和参考价值的依据。在研究的过程中，不断地完善研究方法和技术手段，不断提升研究水平和能力，是每一位论文写作专家不断追求的目标。

四、比较研究

(一) 确定比较对象

确定比较对象是档案信息资源开发与利用中的研究方法。调查研究方法是通过实地走访调查、问卷调查等方式获取数据资料，探究档案信息资源的开发和利用情况；文献研究法则是通过查阅相关文献资料进行综合分析，探讨档案信息资源的发展脉络；实验研究方法是通过实验设计和数据分析，验证档案信息资源开发的可行性和效果；比较研究则是通过对不同研究对象进行比较分析，找出不同方法之间的优劣势，为档案信息资源的开发与利用提供参考依据。不同研究方法各有特点，可以根据具体的研究目的选择相应的方法进行研究，为档案信息资源的开发与利用提供科学依据和方法支持。

(二) 数据收集

数据收集是研究档案信息资源开发与利用的重要步骤之一。通过调查研究方法，可以深入了解相关领域的现状和问题。文献研究法可以通过收集和分析相关文献资料，为研究提供理论支持和背景知识。实验研究方法则可以通过实地实验和观测来验证研究假设，并获取实际数据。比较研究则可以通过对不同地区、不同群体或不同时间段的数据进行比较分析，揭示规律性和差异性。数据收集工作的详细过程和方法对于研究结果的准确性和可靠性至关重要，需要科学规划和严谨执行。最终，通过系统收集和整理得到的数据，可以为进一步的研究和利用提供有力支撑。

在进行数据收集的过程中，选择适当的研究方法至关重要。调查研究方法可以帮助我们深入了解研究领域的现状和问题，为后续研究提供有力支持。文献研究法通过收集和分析相关文献资料，可以为研究提供理论支持和背景知识，有助于我们建立起研究的理论框架。实验研究方法则可以通过实地实验和观测来验证研究假设，获取实际数据，并验证研究结果的可靠性。比较研究方法则可以通过对不同地区、不同群体或不同时间段的数据进行比较分析，揭示规律性和差异性，为研究提供更多的视角和思路。

在进行数据收集工作时，需要科学规划和严谨执行。确保数据收集过程的控制和管理是至关重要的，以保证数据的完整性和准确性。只有在数据收集的过程中严格按照科学方法进行操作，才能得到可靠的研究结果。最终得到的数据需要经过系统收集和整理，以便为后续的研究和利用提供充分的支撑。通过研究过程中积累的数据，我们可以更好地理解研究对象，揭示问题的本质，并为解决现实问题提供有效的参考和建议。

数据收集是研究过程中不可或缺的一环。只有通过科学合理的研究方法和严格的数据管理，我们才能获得准确可靠的研究成果，为学术研究和实践应用提供有力的支持。在今后的研究中，我们需要继续强调数据收集工作的重要性，不断提升数据收集的质量和水平，以推动研究工作的不断深入和发展。

(三) 结果对比与分析

在研究档案信息资源开发与利用的过程中，调查研究方法被视为一种重要的数据收集工具。通过对相关领域的人员、机构或者对象进行调查，可以获取到实际的信息和数据，从而更好地理解档案信息资源的特点和需求。与此同时，文献研究法也是档案信息资源开发研究中不可或缺的方法之一。通过系统地梳理、分析相关文献资料，可以帮助我们深入了解该领域的发展历程和现状，为研究提供理论支持。

实验研究方法则是通过实际的实验设计和数据收集，验证档案信息资源开发的理论假设或者解决实际问题。通过设计实验条件和控制变量，可以获得客观可量化的实验结果，为研究提供直接的证据支持。比较研究方法也是一种常用的研究方法，通过对不同地区、不同时期或不同群体进行比较分析，可以揭示出不同情况下档案信息资源开发的差异性和共性，从而为研究提供更广泛的视角和更全面的结论。

综合运用以上各种研究方法，可以对档案信息资源开发与利用进行全面深入的研究。在研究过程中，需要在理论和实证研究的基础上，进行结果对比与分析，挖掘数据背后的规律和价值，为档案信息资源的开发和利用提供更科学的理论支持和实践指导。

结果对比与分析是论文写作中至关重要的一部分，不仅可以帮助研究者深入理解研究问题，还可以为研究提供更加有说服力的证据支持。在进行结果对比与分析时，研究者可以通过比较不同条件下的实验结果，揭示出不同情况下档案信息资源开发的特点和规律。同时，还可以通过对数据进行进一步挖掘和分析，发现数据背后的深层次关系，为研究提供更加科学的理论支持。

结果对比与分析不仅可以帮助研究者总结出档案信息资源开发的成功经验和规律，还可以帮助发现其中存在的问题和不足之处。通过对结果进行比较分析，研究者可以找出存在差异的原因，并提出改进或调整的建议，从而更好地指导实际的档案信息资源开发工作。

结果对比与分析还可以帮助研究者发现档案信息资源开发中的潜在机遇和挑战。通过比较不同条件下的实验结果，可以有效地识别出行业发展的趋势和未来的发展方向，为实际的档案工作提供重要的参考和指导。

结果对比与分析是档案信息资源开发研究中不可或缺的部分，只有通过深入的对比和分析，才能揭示出档案信息资源开发的内在规律，为研究提供更加全面和深入的理论支持。在今后的研究工作中，研究者们可以进一步加强对结果的对比与分析，以推动档案信息资源开发工作的持续发展和提升。

（四）发现及启示

在研究档案信息资源开发的过程中，我们采用了调查研究方法，通过调查相关机构和个人的数据，了解他们对档案信息资源开发的需求和使用情况。同时，我们还进行了文献研究，梳理档案信息资源开发领域相关的文献资料，从中获取理论指导和研究思路。我们还运用实验研究方法，通过实际操作和实验证，探索档案信息资源开发的可行性和有效性。比较研究则帮助我们比较不同档案信息资源开发方法和技术的优劣，并对其进行评估和选择。通过以上研究方法的运用，我们发现档案信息资源开发具有重要的实践意义和学术价值，对促进信息资源的开发和利用具有积极的促进作用。通过本次研究，我们得到了许多启示，为未来的研究和实践提供了有益的参考，值得深入探讨和进一步完善。

(五) 成果呈现

本论文主要围绕档案信息资源开发与利用展开研究，其中研究方法主要包括调查研究方法、文献研究法、实验研究方法以及比较研究。通过收集和整理相关资料，进行实地调查和观察，运用统计学方法进行数据分析，以及对不同研究对象进行比较研究，最终呈现研究成果。研究方法的选择将有助于揭示档案信息资源开发的规律与特点，为其更好地利用提供理论支持和实践指导。档案信息资源开发是一项重要的工作，通过本论文的研究，将有助于推动档案信息资源的充分开发与利用，为社会发展和文化传承提供有力支持。

五、模拟实验

(一) 构建模拟环境

档案信息资源开发与利用是一个复杂的过程，需要运用多种研究方法来实现有效的开发和利用。其中，调查研究方法是一种常用的研究方法，通过对现有情况进行深入调查，可以更好地了解档案信息资源的实际情况。文献研究法也是一种重要的研究方法，通过研究相关领域的文献资料，可以为档案信息资源的开发和利用提供理论支持。

在实际研究中，实验研究方法也扮演着重要的角色。通过设计和实施实验，可以验证研究假设并获取实际数据，为档案信息资源的开发和利用提供科学依据。而模拟实验则是通过模拟实际环境或情境，来研究档案信息资源的开发和利用过程。通过构建模拟环境，可以更好地理解档案信息资源的特点和规律，为实际应用提供参考和指导。

有效的档案信息资源开发与利用需要综合运用调查研究方法、文献研究法、实验研究方法和模拟实验等多种研究方法。通过不断探索和实践，可以更好地挖掘和利用档案信息资源，为学术研究和社会发展提供有力支持。

(二) 设置实验参数

在进行档案信息资源开发研究时，我们可以采用不同的研究方法来探索和解决相关问题。调查研究方法是一种常见的方法，通过对目标群体进行问卷调查或访谈，收集他们对档案信息资源开发的看法和建议。文献研究法也是一种重要的研究方法，通过查阅已有的相关文献和资料，了解档案信息资源开发的历史、现状和发展趋势。实验研究方法则可以通过设置实验参数，在实验室或现实环境中模拟实验，探讨不同因素对档案信息资源开发的影响和作用。

模拟实验是实验研究方法中的重要手段，通过模拟特定情境或条件，观察和分析档案信息资源开发的过程和结果。设置实验参数是指根据研究目的和问题，确定实验中需要考虑的因素和变量，以及它们之间的关系和作用机制。通过合理设置实验参数，可以有效控制实验过程中的干扰因素，保证实验结果的有效性和可靠性。

不同的研究方法在档案信息资源开发中各有优劣，研究者可以根据具体问题和目的选择合适的方法进行研究。调查研究方法可以了解群体意见，文献研究法可以总结前人经验，实验研究方法可以通过模拟实验和设置实验参数来深入探讨档案信息资源开发的规律和机制。希望研究者们能够灵活运用各种研究方法，共同推动档案信息资源开发的进步和发展。

在进行档案信息资源开发的过程中，研究者们需要深入了解不同研究方法的特点和适用场景。除了调查研究方法、文献研究法和实验研究方法外，还有许多其他研究方法可以被运用。例如，案例研究方法可以通过深入分析具体案例，揭示档案信息资源开发的实际情况和问题；比较研究方法可以通过横向对比不同地区或组织的开发情况，发现不同发展路径和模式。

定量研究方法和定性研究方法也是重要的研究手段。定量研究方法通过数理统计等技术手段对档案信息资源的开发过程和结果进行量化分析，为研究提供客观依据；而定性研究方法则注重对档案信息资源开发背后的原因和动因进行深入的描述和解释，可以帮助研究者更好地理解背后的机制。

总的来说，不同的研究方法各有优劣，研究者在选择研究方法时应根据具体问题和目的慎重考虑。只有灵活运用各种研究方法，才能探索出档案信息资源开发的规律和机制，推动该领域的不断进步和发展。希望未来的研究者们能够不断探索创新，为档案信息资源开发领域注入更多的活力和智慧。

(三) 进行模拟实验

进行模拟实验是档案信息资源开发与利用研究方法中的一种重要手段。通过构建虚拟环境，模拟实际情况下的各种因素和变量，可以有效地验证和分析研究假设。在进行模拟实验时，研究人员可以控制实验条件，重复实验操作，获取大量数据，并进行定量分析和比较。这种方法对于研究档案信息资源开发中的复杂关系和机制具有重要作用，能够提供客观、可靠的研究结果。同时，模拟实验也可以帮助研究者发现问题，探索解决方案，推动学科的发展和进步。因此，进行模拟实验是档案信息资源开发研究中不可或缺的方法之一。

进行模拟实验可以为档案信息资源开发与利用研究提供更为全面和深入的分析。通过模拟实验，研究者可以在受控的环境中进行实验操作，获取更准确和可靠的数据，从而得出科学的结论。同时，模拟实验也可以帮助研究者在实际操作中发现问题和挑战，进而探索解决方案，并促进学科的不断进步。通过模拟实验，研究者可以更好地理解档案信息资源开发中复杂的关系和机制，为相关领域的发展提供有力支持。

在进行模拟实验时，研究者需要认真设计实验方案，选择合适的模拟方法和工具，并严格控制实验条件，以确保实验结果的准确性和可靠性。通过对大量数据的收集和分析，研究者可以更好地了解档案信息资源开发过程中的各种因素和变量之间的相互关系，为实践工作提供科学依据。

模拟实验还可以帮助研究者进行实验结果的定量分析和比较，从而更准确地评估不同因素对研究结果的影响程度。通过模拟实验的比较研究，研究者可以发现隐藏在数据背后的规律和规律性，深入挖掘档案信息资源开发中的潜在问题和挑战。

总而言之，进行模拟实验是档案信息资源开发研究中一种不可或缺的方法，它可以为研究者提供更为全面和深入的理解，为相关领域的发展提供重要支持。通过不懈努力和持续探索，相信模拟实验方法在档案信息资源开发与利用研究中将发挥越来越重要的作用，为学科的不断进步注入新的活力。

第三节 统计分析方法

一、描述统计分析

（一）数据汇总与描述

在研究档案信息资源开发与利用的过程中，调查研究方法可以帮助我们深入了解各种档案信息资源的现状和需求。通过对相关文献的研究，我们可以了解到前人在这一领域的研究成果和经验，为我们的研究提供重要的参考。实验研究方法也是一种有效的研究手段，通过设计模拟实验来验证理论，可以帮助我们验证和完善研究中的假设。在数据分析阶段，统计分析方法是必不可少的，描述统计分析可以帮助我们对数据进行整体的描述和归纳，从而更好地理解数据的特征和规律。数据汇总与描述是数据分析过程中的一个重要环节，通过对数据的汇总和描述，我们可以清晰地展现出数据的基本情况,为后续的分析和研究工作提供有效支撑。通过运用这些研究方法,我们可以更全面、深入地研究档案信息资源的开发与利用,为相关领域的发展和应用提供重要的支持和指导。

(二)统计量计算

在研究档案信息资源开发与利用的过程中,调查研究方法是一种常用的研究方法。通过调查研究可以深入了解用户对档案信息资源的需求以及他们的使用情况,为后续的研究和开发工作提供重要参考。文献研究法也是进行档案信息资源开发研究的重要方法之一。通过对相关文献的梳理和分析,可以了解到档案信息资源开发的历史演变、现状及存在的问题,为研究工作提供理论支持。实验研究方法是通过设计和进行实验来验证研究假设和解决问题的方法。在档案信息资源开发研究中,可以通过模拟实验来模拟不同情境下的档案信息资源利用情况,为实际工作提供参考依据。统计分析方法是对档案信息资源开发与利用过程中产生的数据进行分析和研究的方法之一。通过描述统计分析,可以对数据进行描述性分析,揭示数据的基本特征和规律。统计量计算是统计分析方法中的重要环节,通过计算不同统计量可以量化分析档案信息资源开发的情况,为决策提供科学依据。

在进行统计量计算时,研究者需要选取适当的统计方法和计算公式,以确保分析结果的准确性和可靠性。常用的统计量包括平均值、标准差、相关系数等,通过这些统计量的计算,可以更好地了解档案信息资源开发的情况。除了描述性统计分析外,还可以运用推断统计分析方法,如假设检验、方差分析等,来验证研究假设,探索档案信息资源开发过程中的潜在规律和关联性。

统计量计算的过程中,需要充分考虑样本的大小和分布情况,以及变量之间的关系。在进行统计量计算时,还应注意数据的质量和真实性,确保数据的采集和处理符合科学规范。通过细致的统计量计算和分析,可以揭示档案信息资源开发中的问题和挑战,为相关部门提供决策支持和政策建议。

在统计量计算的基础上,还可以进行数据可视化展示,如制作表格、图表等,直观地展示研究结果和发现。数据可视化不仅可以更好地传达研究信息,还可以帮助研究者和决策者更好地理解和解释数据,促进档案信息资源开发领域的发展和应用。综合运用统计量计算、数据分析和数据可视化等方法,可以更全面地认识和探索档案信息资源开发的复杂性和多样性,为推动档案事业的发展贡献力量。

(三)图表展示

在档案信息资源开发与利用的研究中,调查研究方法是一种常用的研究方法。

通过对相关群体进行问卷调查或访谈，可以了解他们对档案信息资源的需求和利用情况。文献研究法也是一种重要的研究方法，通过对已有文献资料的收集、整理和分析，可以为研究提供理论依据和参考。实验研究方法则可以通过设计和实施实验来验证和检验研究假设，以此来探讨档案信息资源的开发与利用情况。在研究中，模拟实验也是一种常用的方法，通过模拟特定情境或条件来观察和分析档案信息资源的变化和影响。统计分析方法则可以通过对研究数据的整理和分析，来揭示数据之间的关系和规律。描述统计分析则可以通过对数据的描述和总结，直观地展现档案信息资源的发展和利用情况。图表展示作为一种直观和清晰的展示方式，可以将研究结果以图表形式呈现，帮助读者更好地理解和分析研究结果。

对档案信息资源的需求和利用情况涉及到各种研究方法，其中文献研究法和实验研究方法是两种重要的研究方式。文献研究法通过对文献资料的搜集和分析，可以为研究提供丰富的理论依据和参考，有助于深入了解档案信息资源的相关背景和发展趋势。而实验研究方法则能够在实验室或实地环境下设计和实施实验，验证和检验研究假设，从而探讨档案信息资源的开发与利用情况。除此之外，模拟实验也是一种常见的研究方法，通过模拟特定情境或条件，观察和分析档案信息资源的变化和影响，为研究提供更具体的数据和实证支持。

统计分析方法在研究中也扮演着重要的角色，通过对研究数据的整理和分析，揭示数据之间的关系和规律。描述统计分析作为其中的一种方式，通过对数据的描述和总结，能够直观地展现档案信息资源的发展和利用情况，将数据转化为可视化的信息，为研究结果的呈现提供便利。图表展示作为一种直观和清晰的展示方式，在研究报告中起着至关重要的作用，能够将研究结果以图表形式呈现，帮助读者更好地理解和分析研究成果，提高研究的可读性和说服力。综合运用不同的研究方法和展示手段，可以全面地探讨档案信息资源的需求和利用情况，为相关领域的进一步研究和实践提供有力支持。

(四) 数据解读

数据解读是对采集到的数据进行分析和解释的过程，通过这一过程可以全面了解数据的含义和价值。在档案信息资源开发与利用的研究中，数据解读是非常重要的一环。采用不同的研究方法获取的数据需要经过不同的解读方式，这样才能更好地发现数据中蕴含的信息和规律。

调查研究方法是通过问卷调查、访谈等方式获取数据，然后进行整理和分析。这种方法可以直接了解受访者的看法和态度，从而为研究提供实质性的数据支撑。另一方面，文献研究法是通过查阅相关的文献资料，从中获得有关数据进行研究。

实验研究方法则是通过实验操作获取数据，进行比较和分析。

模拟实验是一种重要的研究方法，通过模拟真实情况来获取数据，提高研究的可靠性和可控性。统计分析方法是对数据进行统计处理，运用数理统计学方法进行分析，并根据分析结果作出相关结论。描述统计分析则是对数据进行描述性分析，列出数据特征、分布等信息，帮助研究人员更好地理解数据。

在档案信息资源开发与利用的研究中，数据解读是至关重要的环节，能够帮助研究人员更深入地挖掘数据背后的信息，并为研究结论提供有力支持。因此，研究者需要根据所采用的研究方法，运用适当的数据解读手段，全面分析数据，得出科学合理的结论。这样才能更好地推动档案信息资源的开发和利用工作。

(五) 结论推导

在研究档案信息资源开发与利用过程中，调查研究方法是一种常用的研究手段，通过实地调查获取相关信息并进行分析，可以更加全面地了解档案信息资源的开发与利用情况。同时，文献研究法也是重要的研究方法之一，通过查阅已有的相关文献资料，可以帮助研究者深入了解档案信息资源的历史演变、发展趋势等方面的信息。实验研究方法则是通过实际操作来验证研究假设，从而得出科学的结论。在研究档案信息资源开发与利用过程中，模拟实验也是一种常用的研究手段，通过建立模型来模拟实际情况，从而对档案信息资源的开发与利用进行探讨。统计分析方法在研究中也起着至关重要的作用，通过统计数据进行分析可以帮助研究者找出规律性的信息，为研究结论的推导提供可靠的依据。描述统计分析则是对数据进行整理、分类、描述和汇总，使得研究者能够更加清晰地了解数据的含义和规律。最终，通过对以上研究方法的应用和结合，研究者可以得出科学的结论，为档案信息资源的开发与利用提供有益的参考。

在研究中，除了实验研究和统计分析方法外，文献综述也是一个重要的研究手段。通过查阅相关文献，研究者可以了解到前人对档案信息资源开发与利用的研究成果和结论，为自己的研究提供重要参考。案例分析方法也是一种常用的研究手段，通过对实际案例的深入分析，研究者可以从中找出经验教训，为自己的研究提供借鉴。在研究过程中，还可以采用问卷调查等调研方法，通过问卷调查获取公众对档案信息资源开发与利用的看法和建议，为研究提供更多的信息支持。在研究中还可以运用实地考察方法，直接走访相关机构或地区，深入了解档案信息资源的实际情况，为研究提供更加全面的数据支撑。通过综合运用各种研究方法，研究者可以更全面地探讨档案信息资源的开发与利用问题，最终得出科学的结论，为相关领域的学术研究和实践提供参考和指导。

二、推理统计分析

(一) 建立假设

在进行档案信息资源开发与利用的研究过程中,建立假设是至关重要的一步。调查研究方法可以帮助我们在实践中发现问题,而文献研究法则可以为我们提供丰富的理论支持。实验研究方法和模拟实验则可以帮助我们验证假设的有效性。统计分析方法和推理统计分析则是进行数据处理和结论推断的重要工具。通过建立合理的假设,我们可以在研究中把握方向,明确目标,从而有效地开展档案信息资源的开发与利用工作。

在进行档案信息资源开发与利用的研究过程中,建立假设可以帮助我们在探索未知领域时保持方向性和目的性。通过调查研究方法,我们能够系统地搜集大量实证数据,揭示问题的本质和特征。而文献研究法则可以使我们从历史经验和理论研究中吸收智慧,为我们的研究提供理论支撑。实验研究方法和模拟实验则可以用来验证我们的假设,检验其有效性。统计分析方法和推理统计分析则在整理和分析数据、进行结论推断时发挥着关键作用。通过建立假设,我们可以明确研究的目标,设计合理的研究方法,并在实践中调整研究策略,从而有效地推动档案信息资源的开发与利用工作。在这个过程中,假设的不断修正和完善也将促进我们对研究问题的深入理解,为研究成果的提升提供更有力的支持。因此,建立合理的假设可以被看作是开展档案信息资源研究的基础和关键一环,为我们的研究工作注入了动力和方向。

(二) 数据采样

数据采样是研究中常用的一种方法,通过对数据的采集和整理,可以获取具有代表性的样本,从而进行进一步的分析和研究。在档案信息资源开发与利用的研究中,数据采样非常重要,可以帮助研究者获取所需的数据,并进行有效的分析。调查研究方法是一种常用的数据采样方式,通过调查问卷或访谈等方式收集数据。文献研究法也是一种重要的数据采样方法,通过对已有文献资料的整理和分析,获取研究所需的数据。实验研究方法则是通过设计实验,采集数据并进行分析,从而得出研究结论。模拟实验是一种常用的实验研究方法,通过模拟特定场景,获取数据并进行分析。统计分析方法是对采集到的数据进行统计分析,揭示数据间的关联性和规律性。推理统计分析则是通过推理方法对数据进行分析,得出结论。因此,数据采样是档案信息资源开发与利用研究中不可或缺的一部分,可以帮助研究者获取有效的数据,并进行深入的分析和研究。

数据采样是研究过程中至关重要的一环,能够帮助研究者获取所需的数据,并进行有效的分析。在进行数据采集的过程中,调查研究方法是一种常用的途径,通过调查问卷或访谈收集数据,为后续分析提供支持。文献研究法也是一种重要的数据采样方式,通过对大量文献资料的整理和分析,可以为研究者提供丰富的数据来源。在实验研究方法中,设计并进行实验可以获取具体的数据,以便进一步的研究和分析。尤其是模拟实验方法,在模拟特定场景下进行数据采集和分析,有助于研究者深入理解问题,并得出科学的结论。

在对采集到的数据进行分析时,统计分析方法是不可或缺的工具。通过对数据进行统计分析,研究者可以揭示数据间的关联性和规律性,为研究结论提供支持。推理统计分析也是重要的一环,通过推理方法对数据进行深入分析,能够帮助研究者得出更为准确的结论。总的来说,数据采样在档案信息资源开发与利用研究中起着至关重要的作用,它为研究者提供了丰富的数据来源,帮助他们进行深入的分析和研究。在进行数据采样过程中,研究者需要综合运用各种方法,以确保数据的准确性和有效性,为研究工作的顺利推进提供支持。

(三)统计检验

统计检验是档案信息资源开发与利用研究中常用的一种方法。通过统计检验,研究者可以对所收集到的数据进行分析,从而验证研究假设是否成立。统计检验可以帮助研究者确定数据之间的关系,进而得出科学准确的结论。在档案信息资源开发与利用的研究中,统计检验扮演着至关重要的角色,可以帮助研究者解决研究中的难题,同时能够为研究成果的可靠性提供保障。通过对数据进行统计检验,研究者可以更加深入地了解档案信息资源开发的现状和未来发展趋势,为相关领域的研究工作提供有力支持。统计检验的运用将为档案信息资源开发与利用的研究提供更加客观和科学的分析方法,为相关理论的建立和实践的推进提供坚实的基础。

统计检验的应用不仅在档案信息资源开发与利用领域具有重要作用,同时在其他研究领域也得到广泛应用。统计检验可以帮助研究者在科学研究中确定变量之间的关系,从而得出客观准确的结论。在档案信息资源开发与利用的研究实践中,研究者可以通过统计检验探索档案信息资源发展的规律和趋势,为相关政策的制定提供科学依据。统计检验还可以帮助研究者评估不同因素对档案信息资源开发与利用的影响程度,为相关工作的优化提供参考。

除了在研究领域的应用外,统计检验在实际生活中也扮演着重要角色。例如,在医学领域,医学研究者可以通过统计检验对药物疗效进行评估,为患者制定合理的治疗方案提供支持。在经济领域，企业可以利用统计检验分析市场需求和消费者行为，指导企业发展战略。在环境保护领域，统计检验也可以帮助评估环境污染对生态系统的影响，为环境治理提供科学依据。

总的来说，统计检验作为一种重要的研究方法，在不同领域都有着广泛的应用前景。通过统计检验分析数据，研究者可以更好地了解变量之间的关系，从而为相关领域的发展提供有力支持。统计检验的运用不仅可以提高研究的科学性和准确性，同时也可以促进相关领域的进步和发展。希望未来统计检验能够在更多领域发挥作用，为人类社会的发展做出更大贡献。

(四) 结果判断

调查研究方法是一种系统性的研究方式，通过对相关领域的实际情况进行调查和分析，以获得客观、全面的研究结果。文献研究法是通过查阅学术文献和资料，对已有研究成果进行总结、归纳和比较，从而得出结论。实验研究方法则是通过实际的实验设计和实施，对研究对象进行干预和观测，以验证假设和推断。模拟实验是在实验室条件下对实验对象进行模拟实验，以模拟真实环境并得出相应结论。统计分析方法则是通过对研究数据进行收集、整理和分析，借助统计学方法对数据进行量化和解释。推理统计分析则是在统计分析的基础上，通过推理和逻辑分析，对研究结果进行进一步推断和判断。结果判断即是根据研究方法和数据分析得出的结论，对研究问题进行综合评价和解释。

(五) 推论与应用

在档案信息资源开发与利用的研究中，推论与应用起着至关重要的作用。通过调查研究方法、文献研究法、实验研究方法、模拟实验、统计分析方法和推理统计分析，我们可以得出一些结论，并将这些结论应用到实际中。推论是基于已有的研究结果进行推断和归纳，可以帮助我们更深入地理解档案信息资源的开发与利用。应用则是将这些结论和推断应用到实际工作中，指导实践操作并取得更好的效果。通过推论与应用，我们可以更好地指导档案信息资源的开发和利用，促进档案事业的发展。

三、多元统计分析

(一) 数据处理与变换

在多元统计分析中，数据处理与变换起着至关重要的作用。数据处理是指对原始数据进行清洗、筛选、转换和组织，以便更好地进行统计分析。数据变换则是通过对原始数据进行适当的变换，使得数据符合统计分析的要求，如正态化、标准化等。

在多元统计分析中，常用的数据处理方法包括缺失值填补、异常值处理、数据平滑、数据归一化等。这些方法可以帮助研究者提高数据的质量，降低误差，从而得到更加可靠的统计分析结果。

数据变换在多元统计分析中的作用同样重要。例如，在主成分析中，通过对原始数据进行变换，可以将数据转化为新的变量，减少原始数据的维度，减小模型复杂度，提高分析效率。在聚类分析中，通过数据变换可以改变数据的分布形态，使得不同样本之间的距离更加合适，更有利于聚类的形成。

总的来说，数据处理与变换在多元统计分析中起着至关重要的作用，可以帮助研究者提高数据的质量，减小误差，提高分析效率，最终得到更加准确可靠的统计分析结果。因此，在进行多元统计分析时，研究者应该重视数据处理与变换的过程，保证数据的有效性和可靠性。

(二) 回归分析

回归分析是档案信息资源开发与利用中常用的一种统计方法。通过回归分析，可以确定不同变量之间的相关系，预测未来发展趋势，并找出影响因素。在档案信息资源开发中，回归分析可以帮助研究人员更好地理解数据之间的关联，从而制定出更有效的开发策略和利用方案。

在进行回归分析时，首先需要明确研究的目的和研究对象，确定需要分析的变量。然后收集相关的数据，建立适当的回归模型，并对数据进行拟合和分析。通过回归分析，可以发现数据之间的线性关系，并对未来趋势进行预测，为档案信息资源的开发和利用提供科学依据和指导。

除了简单的线性回归分析外，多元统计分析在档案信息资源开发与利用中也具有重要意义。多元回归分析不仅可以考虑多个影响因素对结果的综合影响，还可以剔除干扰因素，提高数据分析的准确性和可靠性。通过多元统计分析，可以更全面地了解档案信息资源的特点和规律，为其开发与利用提供更详尽的参考。

回归分析是档案信息资源开发与利用中不可或缺的重要方法之一。通过合理运用回归分析和多元统计分析，可以更科学地挖掘和利用档案信息资源，为社会发展和文化传承提供有力支持。在未来的研究中，我们还需要不断探索和完善回归分析方法，以更好地应用于档案信息资源的开发与利用领域。

回归分析在档案信息资源的开发与利用中还有着更广泛的应用。除了多元回归分析，时间序列回归分析也是一个重要的方法，可以帮助我们更好地预测档案信息资源的发展趋势。逻辑回归分析可以用于分析档案信息资源中的二分类变量，帮助我们更好地理解其特点和规律。而岭回归分析可以处理多重共线性的问题，提高数据分析的稳定性和可靠性。非线性回归分析还可以帮助我们发现档案信息资源中的非线性关系，为其开发与利用提供更深入的洞察。回归分析作为一种强大的数据分析工具，在档案信息资源的开发与利用中发挥着至关重要的作用。为了更好地推动档案信息资源的发展，我们需要不断深化对回归分析方法的理解和应用，探索更多适用于档案信息资源的新型回归分析模型，并结合实际情况灵活运用，以促进档案信息资源的更好利用和更大发展。愿这些不断的探索和完善能够为档案信息资源的研究和实践带来新的启示和突破，推动档案事业的蓬勃发展，造福社会。

(三) 方差分析

方差分析作为统计分析方法在档案信息资源开发与利用中具有重要意义。方差分析可以帮助研究人员确定不同因素对于档案信息资源开发的影响程度，进而制定相应的策略和措施。通过方差分析，可以比较不同组别之间的差异性，找出影响档案信息资源开发的关键因素，提高档案信息资源的利用率和效益。

在档案信息资源开发过程中，方差分析可以帮助研究人员探索不同因素（如档案资源类型、数量、质量等）对于用户需求的影响。通过比较不同组别之间的差异，可以深入了解用户需求的特点和变化趋势，为档案信息资源提供有针对性的利用建议。

方差分析还可以帮助评估档案信息资源开发过程中的效果和效率。通过对不同因素的影响程度进行量化分析，可以评估档案信息资源开发的效果，并及时调整和优化资源开发策略。这有助于提高档案信息资源的开发与利用效率，促进档案信息资源的可持续发展和利用。

方差分析在档案信息资源开发与利用中具有重要作用，可以帮助研究人员深入了解不同因素对于资源开发的影响，提高资源利用率和效益，促进档案信息资源的有效开发与利用。因此，在档案信息资源开发过程中，应该充分利用方差分析的方法，加强对于不同因素影响的研究和分析，为优化资源开发策略提供科学依据。

(四) 聚类与判别分析

在档案信息资源开发与利用中，聚类与判别分析是两种重要的统计方法。聚类分析主要是将相似的个体（或变量）归为一类，从而发现数据中存在的潜在的组别结构；而判别分析则是根据已知分类标准，建立预测模型来对新数据进行分类。这两种方法在档案信息资源开发与利用中具有重要的应用价值。

聚类分析可以帮助研究者发现档案信息中不同类别之间的内在结构和联系，从而更好地理解和利用这些信息资源。通过聚类分析，可以将档案信息资源进行有效的分类整理，提高信息资源的利用效率和价值。另一方面，判别分析则可以帮助研究者对档案信息资源进行更精准的分类和识别，从而提高信息资源的管理和利用效率。

在实际应用中，研究者可以通过收集档案信息数据，运用聚类与判别分析方法来挖掘数据中的潜在信息和规律。通过分析不同类别间的差异和联系，可以帮助研究者更深入地了解档案信息资源的特点和价值，为资源的开发与利用提供有力的支撑。

聚类与判别分析是档案信息资源开发与利用中不可或缺的重要方法。研究者应当充分利用这两种方法，深入挖掘档案信息资源中的潜在信息，提升信息资源的管理和利用水平。通过这些方法的应用，可以更好地实现档案信息资源的价值最大化，为社会发展和文化传承提供有力支持。

(五) 数据解读及结论

多元统计分析是对数据进行综合分析和解释的重要方法，通过构建多元回归模型、方差分析、因子分析等方法，挖掘数据背后的规律和内在联系。在档案信息资源开发与利用中，多元统计分析可以帮助我们更好地理解和利用档案数据，实现信息资源的精准管理和有效利用。

通过对档案信息资源开发过程中的各种数据进行多元统计分析，可以发现数据之间的内在关联性和规律性。例如，通过构建多元回归模型，可以确定档案信息资源开发中的关键因素，并预测不同因素对开发效果的影响程度；通过因子分析，可以识别出数据中隐藏的变量，并进一步优化资源开发策略。

数据解读是多元统计分析的重要环节，只有深刻理解数据背后的意义和规律，才能做出正确的决策和规划。在档案信息资源开发中，数据解读不仅是对数据结果的解释，更是对资源开发过程中潜在问题进行分析的重要步骤。结合多元统计分析的结果，我们可以更准确地把握资源开发的方向和重点，避免盲目性和随意性。

多元统计分析在档案信息资源开发与利用中发挥着重要作用，通过对数据的深入挖掘和分析，可以帮助我们更好地了解资源开发的现状和趋势，为资源开发的决策和规划提供科学依据。因此，在未来的研究中，我们需要继续加强对多元统计分析方法的理解和应用，以更好地推动档案信息资源的开发与利用。

数据解读不仅是简单地看懂数据，更是需要通过深入的分析和思考来发现数据背后隐藏的信息。在资源开发过程中，对数据进行多元统计分析可以帮助我们更清晰地了解资源开发的现状和发展趋势，从而制定更科学合理的资源开发策略。通过数据解读，我们可以洞悉资源开发中存在的问题和挑战，进而有针对性地采取相应的措施和策略。多元统计分析结果的准确性和可靠性，将直接影响到我们制定的资源开发规划的实施效果。因此，在未来的研究中，需要不断提升对多元统计分析方法的理解和应用能力，以确保资源开发策略的科学性和有效性。通过深入研究和分析数据，我们可以更好地应对档案信息资源开发工作中的挑战，实现资源的最大价值和利用效益。只有深入理解和准确解读数据，我们才能在资源开发中有所作为，为档案信息资源的推动和发展贡献更大的力量。

第三章 档案信息资源利用的实证分析

第一节 档案信息资源的分类及特点分析

一、纸质档案信息资源

(一) 纸质档案的特点

纸质档案作为档案信息资源的一种重要形式，具有其独特的特点。纸质档案具有物质性和实体性，需要特定的空间来存放和保管。相比电子档案，纸质档案需要更多的人力物力进行管理和保护，同时也更容易受到自然破坏或人为损坏的威胁。

纸质档案具有不可篡改性和不可更改性。一旦纸质档案被篡改，就无法恢复原状，因此对于档案的保密性和完整性要求更加严格。纸质档案的阅读和检索需要手动操作，速度相对较慢，不如电子档案方便快捷。

纸质档案还具有传承性和历史性。一些重要的历史档案被保存在纸质形式中，成为研究历史和文化的重要依据。这些档案记录了过去的人事物，对于研究者了解历史和文化的发展具有重要意义。

总的来说，纸质档案作为档案信息资源的一部分，虽然面临着管理和保护上的挑战，但仍然具有不可替代的价值。未来的研究应该更加重视纸质档案的特点，寻找更有效的管理和利用方式，保护和传承这些珍贵的历史文化信息。

纸质档案的特点是多方面的。除了以上提到的特点外，纸质档案还具有原始性和稳定性。纸质文件记录了实际的信息，保留了最初的呈现形式，保证了信息的真实性和可信度。同时，纸质档案的保存时间长，可以长期保存信息而不易受到技术变革的影响，便于后代研究者进行历史文化信息的探究。纸质档案的存储成本相对较低，不需要依赖电脑和网络设备，可以在没有电力支持的情况下存储信息，具有一定的环境适应性和稳定性。然而，纸质档案也存在空间占用大、保管成本高、易受灾害侵害等问题。为了更好地管理和利用纸质档案资源，需要加强档案保护工作，建立完善的档案管理体系，保证档案信息的安全性和完整性。未来，在数字化信息时代的背景下，如何更好地平衡纸质档案与电子档案之间的关系，更好地保护和传承纸质档案所包含的历史文化信息，是我们亟需思考和解决的问题。纸质档案作为历史的见证者和载体,需要得到应有的重视和保护,以期能够长期保存并为后人所用。

(二)纸质档案的利用方式

纸质档案的利用方式主要包括查阅、借阅、复制和引用。查阅是指人们在档案馆或图书馆内查找某一特定信息,借阅则是指借出档案材料供个人或单位使用。复制则是通过拍照或复印等方式进行档案复制,以备后续使用。引用是指在学术研究或报告中使用档案信息资源,并注明出处。通过这些方式,纸质档案的信息资源能够得到充分的利用和传播,促进学术研究和社会进步。

通过查阅纸质档案,人们可以深入了解历史事件、社会现象和个人故事,从而汲取经验教训,启发思考。借阅档案材料则使得研究者们能够在深入研究某一领域时获得更多实证支持和案例分析。档案的复制也为学者们提供了更为便捷的信息获取途径,方便他们进行进一步的分析和比较。而引用档案信息资源能够加强学术研究的可信度和权威性,为学者们的观点提供有力支持。

纸质档案的利用方式丰富多样,既可以被学者们运用于学术研究和著作撰写,也可以被公众用于探索历史记忆和文化遗产。通过档案信息的传播和共享,不仅可以促进学术界的交流与合作,也能够助力社会的进步和发展。在当今数字化快速发展的时代,纸质档案的重要性并未减弱,相反应当更加珍视和利用这一宝贵的信息资源,以赓续传统、传承文化、促进社会发展的使命。通过不断挖掘和利用纸质档案,我们才能更好地了解过去、把握现在、构建未来,实现历史和文化的传承与发展的伟大使命。

(三)纸质档案的保存与传承

纸质档案是指以纸质材料为载体记录信息的档案资料。在信息化时代,纸质档案虽然逐渐被数字化档案取代,但其独特的保存与传承价值仍然不可忽视。对于纸质档案的保存,需要采取一系列专业化的措施,包括环境控制、防火防水、防潮防尘等措施,以确保档案的安全性和完整性。同时,传承纸质档案也需要进行良好的整理、分类和索引,以方便后续利用和管理。在数字化时代,纸质档案的保存和传承工作也需要与数字化档案相结合,实现档案信息资源的互补与完善。

(四)纸质档案的保护与管理

档案信息资源的分类主要包括纸质档案信息资源和电子档案信息资源两大类。纸质档案信息资源是指以纸质文件形式存在的档案资料,包括文件、卷册、报纸、图书等，其特点是保存时间较长，保存形式稳定，易于保护和管理。纸质档案在保护与管理方面，需要采取有效措施，如设立专门的档案库房，采用专业的保存、整理和分类方法，确保档案信息的完整性和可读性，防止损坏和丢失。同时，应建立健全的档案管理制度，明确档案的归档、借阅、销毁等程序，加强对档案的监督和审计，保障档案信息资源的安全和可靠性。档案信息资源的发展与利用对于保护与管理具有重要意义，只有加强对档案信息资源的分类、整理和利用，才能更好地发挥其在学术研究、文化传承和社会治理中的作用，实现档案信息资源的最大价值。

纸质档案的保护与管理至关重要，因为纸质档案信息资源所蕴含的珍贵信息不仅具有历史意义，更是我们理解过去、把握现在、展望未来的重要载体。为了确保这些档案信息资源的完整性和可读性，我们需要采取一系列有效的措施。建立专门的档案库房是必不可少的，通过恰当的环境控制和保管措施，确保档案资料的长期保存和安全。采用专业的保存、整理和分类方法，能够提高档案管理的效率和质量，更好地保护档案信息资源。在档案管理制度方面，明确定义档案的归档、借阅、销毁等程序，规范档案管理行为，防止档案资源的滥用或遗失。同时，加强对档案信息资源的监督和审计，确保信息的安全和可靠性。档案信息资源的发展与利用是档案管理工作的重要目标，只有通过分类、整理和利用档案信息资源，我们才能更好地发挥其在学术研究、文化传承和社会治理等方面的作用，实现档案信息资源的最大价值。在不断发展的信息时代，纸质档案仍然扮演着重要的角色，我们需要不断完善档案管理工作，保护和传承这份宝贵的历史遗产。

二、电子档案信息资源

（一）电子档案的特点

电子档案可以根据其来源进行分类，包括机构档案、企业档案、组织档案、个人档案等不同类型，其特点主要包括存储容量大、检索便捷、传输速度快、安全性高等特点。电子档案的应用范围广泛，涵盖了政府部门、科研机构、企业单位等各个领域。电子档案的特点使得其在信息化时代得到了广泛的应用和发展，为档案信息资源的开发和利用提供了更为便利的条件。电子档案的特点使得其逐渐替代了传统的纸质档案，成为了信息管理的主要形式之一。

（二）电子档案的利用方式

档案信息资源的分类及特点分析中，电子档案信息资源作为其中一种重要类型，在现代社会得到越来越广泛的应用。电子档案的特点主要体现在其数字化、可检索、可复制、可传递等方面，这使得电子档案信息资源在存储、管理和利用方面具有独特的优势。关于电子档案的利用方式，主要包括电子检索、电子传递、电子复制等多种形式。通过电子检索系统，用户可以方便快捷地查找到所需的信息，节省了大量的检索时间和人力成本。同时，电子传递和复制也使得信息的传递更加高效和便捷，方便了信息资源的共享和交流。总的来说，电子档案信息资源的利用方式与传统档案相比更加灵活和便利，能够更好地满足用户的需求。

(三) 电子档案的保存与传承

电子档案信息资源的发展已经成为档案信息资源的重要组成部分，对于保存和传承电子档案信息资源显得尤为重要。电子档案的保存与传承涉及多个方面的内容，需要综合考虑多种因素。只有做好电子档案的保存与传承工作，才能更好地利用这些宝贵资源。愿意在保护和传承方面做出更多的努力，使电子档案信息资源能够更好地发挥作用。

电子档案信息资源的发展已越发凸显其重要性。对于电子档案信息资源的保存与传承，我们需要考虑到诸多方面的内容。在保存电子档案时，必须充分了解其格式、结构和内容特点，以便采取合适的保存措施，确保信息安全、完整性和可靠性。在传承方面，我们需要制定有效的传承机制和政策，建立规范的管理体系，保障电子档案信息资源的可持续利用。除此之外，加强技术保障和人才培养也是至关重要的。只有不断完善电子档案的保存与传承工作，我们才能更有效地利用这些珍贵资源，更好地服务于学术研究、社会发展和文化传承。在保护和传承方面，我们需不遗余力，致力于为电子档案信息资源的充分利用创造有力支撑，以实现信息资源的最大价值，推动社会发展的进步。展望未来，我们将持续努力，致力于构建更加完善的电子档案保存与传承体系，为推动信息社会的发展做出更大的贡献。

(四) 电子档案的保护与管理

电子档案的保护与管理是指利用各种技术手段对电子档案进行有效的保护和管理，确保其安全性和完整性。随着信息技术的日益发展，电子档案在档案信息资源中的重要性日益突出。然而，由于电子档案的特殊性，其保护和管理也面临着诸多挑战和困难。为了有效保护和管理电子档案，人们需要采取多种手段和措施，包括建立健全的电子档案管理制度、制定相关的电子档案管理规范和标准、加强技术保障和安全措施、进行定期的备份和存档、设立权限管理机制等。只有通过这些有效的措施，才能更好地保护和管理电子档案，确保其安全可靠地长期保存和利用。

三、数字档案信息资源

（一）数字档案的特点

数字档案信息资源是当今社会信息化发展的重要组成部分，具有多种特点。数字档案信息资源具有高度的电子化特点，可以通过数字化技术轻松存储、传输和查找。数字档案信息资源具有便捷性和高效性，可以随时随地获取和利用。数字档案信息资源具有持久性和稳定性，不会受到纸质档案的腐蚀和损坏，能够长期保存和利用。数字档案信息资源还具有多样性和丰富性，可以包含多种类型和形式的信息，为用户提供更加全面和多样化的选择。数字档案信息资源还具有开放性和共享性，可以方便地与其他机构和用户进行共享和交流，促进信息资源的共享和互联。数字档案信息资源的特点使其在现代社会中发挥着重要的作用，为信息资源开发与利用提供了更加便利和高效的途径。

（二）数字档案的利用方式

数字档案主要是通过数字化技术将传统档案转化为电子形式保存和传播的信息资源，其特点是具有高效、便捷、快速和可持续利用的优势。数字档案的利用方式包括检索、浏览、下载、再利用等多种形式，能够满足用户随时随地获取所需信息的需求。在数字档案的利用过程中，用户可以根据个人需求和兴趣自由选择检索关键词、浏览目录、下载文件，并且可以进行文本搜索、数据分析、文献引用等操作，从而实现对档案信息资源的高效利用。数字档案的利用方式不仅改变了传统档案利用的限制和局限，还为用户提供了更加便捷和灵活的信息获取途径，促进了档案信息资源的开发和利用。通过数字化技术的应用，数字档案不仅可以实现对历史文化遗产的保护和传承，还可以为学术研究、教育教学、社会管理等领域提供丰富的信息资源，为促进社会进步和文化传播起到积极作用。

（三）数字档案的保存传承

数字档案信息资源是当前档案信息资源中的一个重要形式，它以数字化、网络化的方式保存和传承了各种类型的档案信息资源。数字档案的保存传承是为了保障档案信息资源的完整性、可靠性和可持续利用性，有效应对信息技术快速发展对档案管理工作的挑战，并促进档案资源的共享与利用。数字档案的传承不仅可以提高档案信息资源的管理效率和服务水平，也能为档案事业的发展注入活力，实现档案信息资源的全面开发和有效利用。

数字档案的传承不仅是对过去的珍贵信息资源的尊重和保护，更是对未来信息资源利用和发展的有力支持。通过数字化、网络化的方式保存和传承档案信息资源，可以有效提高档案管理的效率和服务水平，为用户提供更加便捷和全面的信息查询和检索服务。数字档案的保存还能够促进档案资源的共享与利用，打破信息壁垒，实现跨机构、跨部门、跨地域的档案资源互通共享，从而推动整个档案行业的发展。

数字档案的传承不仅是单纯的保存和传递，更是积极参与和推动信息技术的快速发展和创新应用。通过数字化技术的不断完善和更新，数字档案的保存传承工作也在不断提升和改进，以适应不断变化的信息技术环境和用户需求。数字档案的传承工作涉及到多方面的技术和管理，需要不断学习和更新知识，保持对新技术的敏感性和适应性，才能不断提升数字档案管理的水平和服务质量。

数字档案的传承是一个不断探索和创新的过程，需要档案管理者不断改进工作方式和方法，勇于尝试新的技术和理念，不断提升自身的专业素养和能力。只有不断学习和进步，才能更好地适应信息技术的快速发展和挑战，更好地实现档案信息资源的完整开发和有效利用。数字档案的传承是一个全方位的工作，需要整个行业的共同努力和合作，才能更好地实现档案事业的可持续发展。

四、档案信息资源的开放共享与利用案例分析

(一) 开放共享政府档案信息资源的案例分析

在当前数字化信息化的时代，政府档案信息资源的开放共享变得尤为重要。政府档案信息资源作为国家重要的文化遗产，承载着丰富的历史和文化信息，对于促进社会发展、实现信息公开具有重要意义。政府档案信息资源的开放共享可以有效提高政府信息公开的透明度，增强民众对政府行政活动的监督。通过合理利用政府档案信息资源，可以有效促进社会各界的参与和共享，推动社会进步与发展。

政府档案信息资源的开放共享与利用案例分析，既能够为政府部门提供更便捷的管理方式，也能为社会公众提供更加便利和高效的获取渠道。例如，政府部门可以通过将特定的档案信息资源进行开放共享，来增强政务公开透明度，提升政府服务水平，促进政府与公众之间的互动和沟通。同时，对于学术研究、历史文化传承等领域也具有积极意义，可以为研究者提供丰富的研究素材和资源支持，促进学术研究的发展与进步。

开放共享政府档案信息资源的案例分析，不仅是一种简单的信息传递与资源共享，更是政府与社会各界沟通合作的一种重要方式。通过充分利用政府档案信息资源，可以实现信息资源的优化配置和高效利用，推动社会文化、科技创新等领域的

发展。同时，政府也应加强对政府档案信息资源的管理和保护，确保其安全可靠性，保护国家文化遗产的完整性，为后人留下宝贵的历史遗产。

开放共享政府档案信息资源的案例分析，可以看作是信息时代下政府与社会之间互动和合作的一种重要方式。政府通过开放共享特定的档案信息资源，提升了政务公开的透明度，增加了政府与公众之间的互动和沟通。这种做法不仅有利于促进政府服务水平的提升，也为学术研究、历史文化传承等领域提供了丰富的素材和资源支持。

政府档案信息资源的开放共享，有助于优化信息资源的配置和利用，推动社会文化、科技创新等领域的发展。政府部门应加强对政府档案信息资源的管理和保护，确保其安全可靠，保护国家文化遗产的完整性，为后人留下宝贵的历史遗产。同时，政府与社会各界应加强合作，共同建设开放共享的档案信息资源平台，促进信息资源的共享和传播。

开放共享政府档案信息资源还可以促进社会治理的现代化和智能化，提升政府决策的科学性和准确性。通过充分开放政府档案信息资源，政府可以更好地了解公众需求和意见，提高政策制定的针对性和灵活性。同时，公众也可以更加便利地获取政府信息，加强对政府决策的监督和参与，实现政府与公众之间的良性互动和合作。

在信息化时代，开放共享政府档案信息资源是政府推进政务公开、提升服务水平、推动社会进步的重要举措。只有不断加强资源的开放共享，才能更好地满足公众需求，促进社会的繁荣和进步。政府和社会各界应共同努力，推动政府档案信息资源的开放共享工作，为建设和谐、开放、透明的现代化社会而努力。

（二）企业档案信息资源的利用与共享案例分析

在当今信息爆炸的时代，企业档案信息资源的利用与共享显得尤为重要。企业档案信息资源不仅包括企业内部的各类文件、报表、合同、会议记录等，还包括外部的市场调研、竞争情报、行业报告等信息。充分利用企业档案信息资源，可以帮助企业更好地了解市场动态，制定战略决策，提升竞争力。

某研发型企业在利用档案信息资源方面做出了积极探索。该企业建立了全面的档案管理系统，对各类文件进行分类、归档和数字化处理，确保信息资源的完整性和安全性。同时，该企业还通过建立内部知识库，将各部门的经验和知识进行汇总整理，实现了知识共享和传承。

某跨国企业通过与行业协会合作，共享各自拥有的档案信息资源，进行信息共享与交流。通过这种方式，企业可以及时获取最新的行业信息、市场趋势和竞争情报，为企业决策提供重要参考。

除了内部利用外，企业还可以通过开放共享自身档案信息资源获取更多合作机会。某互联网企业将自身的数据共享给第三方开发者，打造了一个开放的数据平台，吸引了大量开发者参与，共同开发新的应用和服务，实现了资源的最大化利用。

总的来说，企业档案信息资源的利用与共享不仅可以提升企业的竞争力，还可以促进行业的发展和创新。企业应该意识到档案信息资源的重要性，加强管理和保护，实现信息共享与共赢。

跨国企业与行业协会合作共享档案信息资源的做法得到了广泛认可，引起了其他企业的关注和效仿。越来越多的企业开始意识到，通过共享档案信息资源，可以实现知识的传承和共享，推动行业的发展和创新。一家大型制造企业与政府部门合作，共享自身拥有的档案信息资源，为政府决策提供重要依据，并加速了技术创新和产业升级。一家小型新兴企业将自身的研究成果共享给大学和科研机构，吸引了更多专家学者的参与，促进了科技成果的转化和应用。企业还可以通过开展档案信息资源的共享培训活动，提升员工的信息素养和专业能力，为企业发展保驾护航。通过不断完善和深化档案信息资源的共享机制，企业可以更好地应对市场变化，增强竞争优势，实现可持续发展的目标。企业档案信息资源的利用与共享不仅是企业发展的需要，更是行业进步的动力。企业应该积极参与到共享档案信息资源的行动中，共同推动企业管理和产业发展走向更加稳健和可持续的发展道路。

（三）公共机构档案信息资源的开放利用案例分析

在公共机构档案信息资源的开放利用案例分析中，我们可以看到不同机构在推动档案信息资源开放利用方面所取得的一些成绩和经验。通过对这些案例的分析，我们可以更好地了解公共机构在开放利用档案信息资源方面的优势和挑战。

其中，一些公共机构利用档案信息资源开展了数字化资源建设，通过建立数字档案库，将传统纸质档案转化为电子形式进行保存和管理，实现了档案信息资源的永久保存和便捷查阅。这种开放共享的方式不仅使得文件资料更易获取，也提高了档案信息资源的传播效率。

一些公共机构通过联合作的方式实现了档案信息资源的共享利用。他们将自身拥有的档案信息资源与其他机构进行共享和交流，促进了不同机构之间的资源共享和信息交流，实现了档案信息资源的整合利用。这种跨机构的合作模式有效提升了档案信息资源的综合利用效果。

值得一提的是，一些公共机构还通过开展档案信息资源展览和研究活动来推动档案信息资源的开放利用。他们通过利用档案信息资源举办展览和研究会议，向公众展示档案信息资源的历史价值和文化意义，同时也促进了档案信息资源的研究和传播。这种开放共享的方式为公众提供了更多了解和利用档案信息资源的机会，拓展了档案信息资源的应用领域。

总的来说，公共机构在推动档案信息资源的开放利用方面做出了积极的努力，通过不同途径和方式实现了档案信息资源的开放共享和综合利用，进一步丰富了档案信息资源的应用领域，促进了档案信息资源的传播和价值挖掘。未来，我们期待公共机构能够进一步加强档案信息资源的开放共享和利用，推动档案信息资源更好地为社会服务。

第二节 档案信息资源利用的影响因素分析

一、技术因素

（一）档案数字化技术的影响

档案数字化技术的影响在档案信息资源的开发与利用中起着重要作用。数字化技术的应用可以使档案信息资源更加便捷地进行存储、检索和传播，大提高了档案信息资源的利用效率。通过数字化技术，档案信息资源可以被转化为电子形式，实现了信息的数字化，使得用户可以更加方便地获取和利用这些信息资源。数字化技术还可以帮助保护和保存档案信息资源，减少了实体档案遭受损坏或丢失的风险，提高了档案信息资源的可持续利用性和传承性。

同时，数字化技术的应用也为档案信息资源的开放共享提供了更多可能性。通过数字化技术，档案信息资源可以更加便捷地进行在线共享，促进了档案信息资源的开放性和互联互通性。这不仅能够更好地满足用户的知识需求，还能够促进学术交流和合作，推动档案信息资源的广泛应用和价值实现。

在利用档案信息资源的过程中，数字化技术的影响也体现在对用户体验和服务质量的提升上。数字化技术可以为用户提供更加个性化和智能化的服务，满足不同用户群体的需求。同时，数字化技术也可以促进档案信息资源的多样化利用，拓展了用户的使用方式和形式，提升了用户对档案信息资源的参与度和体验感。

总的来说，数字化技术的应用对档案信息资源的开发与利用产生了积极的影响，为推动档案信息资源的开放共享和利用提供了有力支撑，为推动档案信息资源的数字化转型和智能化发展打下了良好基础。随着数字化技术的不断发展和应用，相信档案信息资源的开放共享和利用会呈现出更加多样化、便捷化和智能化的发展趋势，为挖掘档案信息资源的潜在价值和推动档案事业的可持续发展带来新的机遇和挑战。

(二) 数据存储技术的影响

数据存储技术的影响是档案信息资源开发与利用中一个重要的影响因素。随着科技的发展，数据存储技术的不断升级和更新，为档案信息资源的存储、管理和利用提供了更加便捷和高效的方式。不同的数据存储技术具有各自的特点和优势，能够满足不同类型档案信息资源的存储需求。通过合理选择和应用数据存储技术，可以提高档案信息资源的存储效率和安全性，为用户提供更好的使用体验。

数据存储技术的影响不仅体现在档案信息资源的存储和管理方面，同时也对档案信息资源的开放共享和利用产生了积极作用。通过采用先进的数据存储技术，可以实现档案信息资源的数字化、网络化共享，为用户提供便捷的访问方式。同时，数据存储技术还能够支持多样化的数据分析和挖掘，提高档案信息资源的利用效率和价值。通过不断优化和完善数据存储技术，可以更好地促进档案信息资源的开放共享与利用，推动档案事业的发展。

数据存储技术的不断发展和应用将对档案信息资源的开发与利用产生深远影响。只有充分利用先进的数据存储技术，才能更好地实现档案信息资源的分类、共享和利用，推动档案事业向数字化、智能化发展。数据存储技术的不断创新将为档案工作提供更多的可能性和机遇，为档案信息资源的开发与利用带来更加广阔的发展空间。

(三) 信息检索技术的影响

信息检索技术在档案信息资源利用中起着重要的作用，它能够有效地帮助用户获取所需的信息，提高信息检索的效率和准确性。信息检索技术的发展和应用，使得档案信息资源的开放共享和利用更加便捷和高效。同时，信息检索技术的不断创新和完善也为档案信息资源的分类和特点分析提供了更多的可能性和方法。技术因素对档案信息资源的利用具有重要的影响，它促进了档案信息资源的数字化、网络化和智能化，提高了用户获取信息的便捷性和准确性。信息检索技术的不断推进，将进一步推动档案信息资源的开发和利用，为用户提供更加便捷和高效的服务。

(四) 信息安全技术的影响

信息安全技术的影响，是指在档案信息资源开发与利用过程中，信息安全技术所起到的作用。信息安全技术在档案信息资源的分类及特点分析中，具有重要意义。通过信息安全技术的应用，可以有效保护档案信息资源的安全性和完整性，避免信息泄露和篡改的风险。在档案信息资源的开放共享与利用案例分析中，信息安全技术也扮演着关键角色。通过加密技术、访问控制等手段，可以确保档案信息资源在共享和利用过程中的安全性，保护用户的个人隐私和数据安全。信息安全技术对档案信息资源利用的影响因素进行分析时，也具有重要影响。通过信息安全技术的改善和应用，可以有效降低信息安全风险，提升档案信息资源利用的效率和可靠性。信息安全技术在档案信息资源开发与利用中具有重要作用，对推动档案事业的发展和促进信息资源的利用具有重要的意义。

通过信息安全技术的不断进步和应用，档案信息资源的安全性和完整性得到了更加有效的保护。在当前信息技术飞速发展的大背景下，信息安全技术的重要性愈发突显。在信息资源共享和利用过程中，信息安全技术可以有效预防各类网络攻击和数据泄露风险，保障信息资源的安全可靠性。同时，信息安全技术的不断升级也为档案信息资源的利用提供了更多的可能性，例如，通过智能加密技术和严格的访问控制权限管理，可以更好地保护用户的个人隐私和数据安全。

信息安全技术还可以帮助档案机构更好地管理和利用信息资源，提升工作效率和服务质量。通过对信息安全风险的识别和应对，可以有效降低档案信息资源利用过程中可能出现的问题，确保档案信息资源的可靠性和透明度。在数字化档案资源管理方面，信息安全技术更是不可或缺的一环，只有保障好信息资源的安全性，才能更好地促进档案事业的发展和推动信息资源的合理利用。

总的来说，信息安全技术在档案信息资源的开发与利用中扮演着至关重要的角色，它不仅提升了档案信息资源的安全性和完整性，还为档案机构带来了更多的管理和服务优势。随着信息安全技术的不断发展和深化，相信档案信息资源的利用将会变得更加便捷和高效，也将为档案事业的未来发展注入更多的动力和活力。

（五）信息共享技术的影响

信息共享技术的影响是档案信息资源开发与利用中重要的一环。随着数字化技术的发展，信息共享技术的应用越来越普遍，对档案信息资源的利用也产生了深远的影响。信息共享技术使得档案信息资源更加便捷地被广泛传播和利用，极大地提高了信息资源的利用效率和效益。同时，信息共享技术也为档案信息资源的开放共享提供了强有力的支持，促进了档案信息资源的互联互通和跨领域合作。

信息共享技术的应用不仅改变了档案信息资源的传统利用模式，也为其开发创新提供了新的途径。通过信息共享技术，研究者可以更加直观地获取和利用大量档案信息资源，促进了学术研究的深入和广泛。信息共享技术的不断更新迭代也推动了档案信息资源服务的优化和升级，为用户提供更加个性化和精准化的服务。

尽管信息共享技术在档案信息资源利用中起到了积极的作用，但也面临着一些挑战和问题。例如，信息共享技术的安全性和隐私保护问题仍然是亟待解决的难题，需要加强技术研究和制度建设。信息共享技术的运用也需要考虑到不同用户群体的需求和特点，确保档案信息资源的利用能够更好地服务于社会发展和进步。

总的来说，信息共享技术的发展对档案信息资源的开发与利用具有重要的推动作用。未来，随着信息共享技术的进一步发展和完善，相信档案信息资源的利用将会迎来更加广阔的空间和更加丰富多样的发展前景。

二、经济因素

（一）档案信息资源的市场价值分析

档案信息资源的市场价值主要受到多方面因素的影响。档案信息资源的稀缺性和独特性是其市场价值的重要依据。档案信息资源的历史、文化、经济等多方面的价值也是其市场价值的重要组成部分。再者，档案信息资源的可信度、可靠性和可持续性也是其市场价值的重要考量因素。档案信息资源的开放共享和利用程度也是影响其市场价值的重要因素。在当前数字化时代，更多的档案信息资源得到了广泛的开放共享和利用，从而进一步提升了其市场价值。总的来说，档案信息资源的市场价值是一个多维度的综合评估，需要考虑其独特性、历史价值、可信度、开放程度等因素。只有全面理解和评估这些因素，才能更好地挖掘和利用档案信息资源的市场价值。

（二）档案信息资源的投资回报分析

档案信息资源的投资回报分析是评估利用档案信息资源所产生的实际效益和回报的过程。在当今社会，随着信息技术的发展和信息资源的不断增长，档案信息资源的投资回报分析变得愈发重要。经济因素是影响档案信息资源投资回报的重要因素之一，它包括档案信息资源的成本、收益和效益等方面。通过对档案信息资源的成本和收益进行分析，可以评估投资档案信息资源所能带来的经济效益和利益。同时，了解档案信息资源的潜在价值和潜在利润，可以帮助机构和个人更好地决策投资档案信息资源。投资档案信息资源需要充分考虑资源的特点和分类，以便更好地实现信息资源的开放共享和利用。在实际应用中，许多成功的案例表明，充分利用档案信息资源可以为各行业带来巨大的经济效益和社会价值。因此，对档案信息资源的投资回报进行深入分析和研究，有助于提高投资效率，实现信息资源的最大化利用，进而推动经济和社会的发展。

通过对档案信息资源投资回报的分析，可以更好地评估资源的潜在价值和潜在利润，为投资者提供更清晰的决策依据。经济因素的影响不仅包括成本和效益，还需考虑资源的分类和特点，以便实现最大化利用。在实际应用中，许多案例表明，充分利用档案信息资源可以带来巨大的经济效益和社会价值。因此，深入研究档案信息资源投资回报对于提高投资效率，推动经济社会的发展具有重要意义。投资档案信息资源不仅是为了获取经济回报，更是为了实现信息资源的开放共享和利用，促进社会进步和发展。在不断变化的信息时代，重视档案信息资源的投资回报分析，将有助于实现资源的最大化利用，为社会各界创造更多的长期利益和社会价值。不断探索和研究档案信息资源的投资回报，将为未来的经济发展和社会建设提供新的动力和支持。因此，对档案信息资源的投资回报进行全面分析和研究，是当前时代的重要课题之一。通过不断深化研究和探索，必将为信息资源的发展和利用开辟新的道路，为经济社会的繁荣和进步提供坚实基础。

(三) 档案信息资源的价值评估方法

档案信息资源的价值评估方法涉及多个方面，包括文化、历史、经济、社会等多个层面。评估档案信息资源的价值需要综合考虑各方面的因素，并采用多种方法和指标进行分析。其中，经济因素是重要的评估指标之一，可以通过成本效益分析、市场需求等方法来评估档案信息资源的经济价值。还可以运用价值链分析、回报期分析等方法从经济角度评估档案信息资源的价值。同时，还可以采用比较法、模型法等方法进行档案信息资源的价值评估，通过对比研究和建立评估模型来确定档案信息资源的价值。综合以上方法，可以全面准确地评估档案信息资源的价值，为其有效开发和利用提供参考依据。

在评估档案信息资源的价值时，我们需要考虑到文化背景、历史意义、经济影响以及社会意义等诸多因素。除了经济因素外，档案信息资源的社会影响也是评估的重要方面之一。社会影响可以通过政策效果评估、社会参与度等方面进行衡量，以确定档案信息资源在社会发展中的价值。同时，文化价值也是不可忽视的评估指标之一，通过考察文化传承和意义延续等方面，可以揭示档案信息资源在文化领域中的重要性。在历史意义方面，评估档案信息资源的历史贡献和影响也是不可或缺的一环，可以通过历史维度的研究和分析来揭示其在历史进程中的地位。综合考虑这些因素，可以更全面、准确地评估档案信息资源的价值，为其有效开发和利用提供指导和依据。通过综合多方面的评估方法和指标，可以更好地挖掘出档案信息资源所蕴含的深厚价值，促进其在不同领域的应用和推广，为社会进步和发展贡献力量。

(四)档案信息资源的成本效益分析

档案信息资源的成本效益分析在档案管理领域具有重要意义。对档案信息资源的成本效益进行深入分析，有助于评估档案管理工作的效果和价值，进一步指导档案信息资源的开发和利用。档案信息资源的成本主要包括建设、维护和管理等方面的支出，而效益则体现在为用户提供信息服务、满足社会需求、推动科研等方面。对于档案信息资源的成本效益分析，需要考虑各种因素的综合影响，如经济投入、信息获取效率、社会价值等。只有通过科学的成本效益分析，才能更好地实现档案信息资源的最大化利用价值，推动档案信息资源的可持续发展。

档案信息资源的成本效益分析不仅是一个简单的经济问题，更是一个需要综合考虑各方面因素的复杂课题。在实际的档案管理工作中，对于档案信息资源的成本效益分析是至关重要的，它影响着档案管理工作的效果和价值。通过深入分析档案信息资源的成本和效益，可以更好地指导档案信息资源的开发和利用，实现资源的最大化利用价值。在进行成本效益分析时，需要考虑到档案信息资源的建设、维护和管理方面的支出，同时也要考虑到为用户提供信息服务、满足社会需求、推动科研等方面的效益。只有在成本和效益得到平衡的情况下，才能实现档案信息资源的可持续发展。因此，在实际工作中，我们需要不断加强成本效益分析的研究，不断优化档案管理工作的模式和方法，以更好地实现档案信息资源的有效管理和利用。通过科学的成本效益分析，我们可以更好地提升档案信息资源的价值和作用，推动档案信息资源在社会发展中的积极作用，为人们提供更好的服务和支持。

三、政策法规因素

(一)档案信息资源开放共享政策的影响

档案信息资源开放共享政策的实施对于促进档案信息资源的发展和利用起着至关重要的作用。通过制定相关政策，可以有效地推动档案信息资源的分类整理和数字化工作，进而提高档案信息资源的可访问性和利用效率。同时，政策的实施也能够促进档案信息资源的共享与交流，打破信息壁垒，让更多人受益。通过案例分析可以发现，政策的影响不仅局限于国内，还可以影响国际档案信息资源的开放共享与利用。因此，在档案信息资源利用的过程中，政策法规因素不容忽视，只有健全的政策法规才能为档案信息资源的开发与利用提供有力支持。

档案信息资源的开放共享政策制定对于推动档案信息资源的整合和提升至关重要。随着社会信息化程度的不断提升，档案信息资源的开放共享政策可以促进档案信息资源的数字化和在线化,从而更好地满足用户的信息需求。政策的实施还可以促进档案信息资源的标准化和规范化管理,减少信息资源的重复建设和浪费。通过政策的支持和推动,档案信息资源的互联互通和共享合作得以加强,不仅可以提高档案信息资源的利用效率,还能够促进跨部门、跨地区以及跨国界的档案信息资源交流与合作。在未来的发展中,继续完善开放共享政策,加强政府、企业和社会各界的合作,共同推动档案信息资源的开发与应用,助力构建数字化时代的档案信息资源共享生态系统。

(二)数据保护法规的影响

数据保护法规的影响在档案信息资源开发与利用过程中起着至关重要的作用。一方面,相关的法规定了数据的合法获取、处理、存储和共享方式,保障了档案信息资源的安全性和隐私保护。另一方面,这些法规也影响着档案信息资源的开放共享和利用方式,限制了部分敏感信息的传播和使用。因此,在利用档案信息资源的过程中,必须遵守相关的数据保护法规,确保信息的安全和合法性。同时,数据保护法规的不断完善和更新也将对档案信息资源的开发与利用产生深远的影响,促进信息资源的更加规范和有效的利用。

(三)信息安全法规的影响

信息安全法规对档案信息资源的开发与利用起着重要的作用。信息安全是保障档案信息资源的安全和可靠性,防止信息泄露、篡改、丢失等问题的关键。信息安全法规的制定和执行,有助于规范档案信息资源的利用行为,促进信息资源的共享开放,推动信息技术的发展。同时,信息安全法规也为档案信息资源的管理和服务提供了有效的制度保障,确保信息资源的合理利用和有效保护。因此,加强信息安全法规的建设和实施,对于提高档案信息资源的开发与利用水平具有重要意义。

(四)个人隐私保护法规的影响

个人隐私保护法规在档案信息资源的开放共享与利用中起着重要的作用。随着信息技术的不断发展,个人信息的泄露和滥用问题日益严重,因此个人隐私保护法规成为了保护档案信息资源的重要手段。这些法规在档案信息资源开发与利用过程中起到了引导和规范的作用,保障了个人信息的安全和隐私。在实际案例中,一些机构在开放共享档案信息资源时,必须遵循相关的法规,对个人隐私信息进行保护,以确保个人信息不被非法获取和利用。因此,个人隐私保护法规不仅是对档案信息资源的有效管理,也是对公民权益的保障。在档案信息资源利用的影响因素分析中,政策法规因素是一个不可忽视的重要因素。通过制定相关法规，可以规范档案信息资源的开放共享与利用，维护个人隐私权益，促进信息资源的有序流通和有效利用。

个人隐私保护法规的重要性不言而喻。在当前信息社会中，个人信息的安全和隐私保护是一个亟待解决的问题。随着科技的进步和信息化的发展，个人信息泄露和滥用的风险也越来越大。因此，个人隐私保护法规的出台和执行显得尤为重要。

这些法规不仅在档案信息资源开发与利用中扮演着引导和规范的角色，更为个人信息的安全提供了有效保障。在实践中，一些机构如果要开放共享档案信息资源，必须严格遵守相关法规，确保个人隐私信息不受侵犯。通过加强对个人隐私的保护，可以有效防止个人信息被不法分子获取和利用。

个人隐私保护法规的实施，不仅有利于档案信息资源的管理和保护，更能够维护公民的合法权益。在档案信息资源利用的影响因素分析中，政策法规因素的重要性不可忽视。通过制定和执行相关法规，可以有效规范档案信息资源的开放共享与利用，促进信息资源的有序流通和充分利用。

个人隐私保护法规是维护档案信息资源和个人信息安全的重要手段，也是对公民权益的有力保障。只有不断加强个人隐私保护意识，完善相关法规和制度，才能有效防范个人信息泄露和滥用的风险，确保信息社会的健康发展。

四、社会因素

（一）公众对档案信息资源的需求分析

档案信息资源是一种珍贵的历史、文化和社会资料，分类上可以分为公共档案、企业档案、个人档案等。每种档案信息资源都有其独特的特点和保护需求。开放共享与利用档案信息资源的案例不断增加，许多机构和个人通过互联网平台将档案信息资源进行数字化并向公众开放。然而，档案信息资源的利用受到影响因素的制约，其中包括技术、政策、法律等方面的因素。

社会因素是影响档案信息资源利用的重要因素之一，不同社会群体对档案信息资源的需求存在差异。特别是在数字化时代，公众对档案信息资源的需求呈现多样化和个性化的特点。了解公众对档案信息资源的需求，可以有针对性地开展档案信息资源的开发和利用工作。同时，公众的需求也是档案机构进行档案信息资源分类和整理的重要参考依据。通过深入理解公众对档案信息资源的需求，可以更好地满足社会的信息需求，促进档案信息资源的更好利用。

(二) 社会文化背景对档案利用的影响

社会文化背景对档案利用的影响，在当今数字化信息时代，档案信息资源的开发与利用已经成为信息化建设的重要组成部分。社会文化背景对档案利用的影响不可忽视，它影响着人们对档案信息资源的认知与利用方式。在传统观念中，档案信息资源被认为是专业领域的知识，而随着社会文化的变迁，人们开始意识到档案信息资源的重要性及其对社会发展的贡献。社会的发展经济文化水平对于档案信息资源利用的需求与方式产生了影响，而且社会文化背景也影响着人们对档案信息资源的理解与利用。

在当今信息化时代，社会文化背景也在不断发生变化，传统观念对档案信息资源的认知逐渐被新理念替代，人们开始更加重视档案信息资源的开放共享与利用。社会文化传统对档案信息资源的保密观念被逐渐改变，档案信息资源的公开与共享成为一个趋势，这也为档案信息资源的开发与利用提供了更广阔的空间。社会文化背景的变化不仅影响着档案信息资源的利用方式，也促使各方对档案信息资源的重视程度不断提高。

总的来说，社会文化背景对档案利用的影响是多方面的，它既影响着人们对档案信息资源的认知与理解，也影响着人们对档案信息资源的利用方式和需求。随着社会文化背景的不断变迁与发展，档案信息资源的开放共享与利用将更加普及和深入，这也将进一步推动档案信息资源的发展与利用。社会文化背景对档案利用的影响是一个复杂而重要的课题，需要不断深入研究与探讨，以促进档案信息资源的更好发展与利用。

社会文化背景的变革对档案利用产生了深远的影响。在当今社会，人们对档案信息资源的需求日益增长，对信息的获取和利用方式也发生了翻天覆地的变化。档案资源的共享和开放成为了一种新的趋势，促使社会各界更加重视档案的保护和利用。随着科技的发展，数字化档案的出现使得人们更加便捷地获取信息，进一步推动了档案信息资源的开发和利用。

社会文化背景的转变不仅影响着档案信息资源的利用方式，也塑造了人们对档案价值的认知和理解。人们开始意识到档案信息资源的重要性，并对其进行更加有效的利用，从而促进了档案资源的不断更新和升级。社会对档案信息资源的需求也在不断增加，反过来推动了档案资源的更多元化传播和利用。

随着社会发展的进程，档案信息资源的开放共享与利用将呈现出更广泛的趋势。人们对档案信息的需求将不断增长，并且通过不断的加工和利用，档案资源的体系也将更加完善和健全。随着档案信息资源市场的拓展和逐渐成熟，档案信息资源的利用形式也将更加多样化，为各行各业的发展提供更全面的支持和保障。

在社会文化背景的引领下，档案信息资源将迎来更广阔的发展空间和更加广泛的利用渠道。社会在档案利用方面的认知和态度也将不断转变和进步，为档案信息资源的保护、传播和利用铺平了道路。而只有不断深入研究和探讨，才能更好地推动档案信息资源的更好发展和更广泛利用。

(三) 社会观念对档案信息资源开发的影响

社会观念对档案信息资源开发的影响是一个复杂而深远的议题。随着社会的不断发展和进步，人们对档案信息资源的认识和利用方式也在不断地演变。社会观念的改变直接影响着档案信息资源开发的方向和成效。在传统观念下，档案信息资源往被认为是陈旧的、过时的资料，仅限于历史研究和学术领域的使用。然而，随着科技的进步和社会需求的变化，人们开始意识到档案信息资源所蕴含的价值和潜力，开始积极探索其在各个领域的应用。

随着社会观念的转变，档案信息资源被赋予了更多的意义和用途。人们开始意识到档案信息资源不仅是历史的记录，更是对社会、政治、经济等各个领域的宝贵资料。因此，对档案信息资源的开发和利用也变得更加重要和迫切。社会观念的更新和变革促使档案信息资源开发者不断探索新的利用途径和方法，将档案信息资源与现代科技相结合，实现更加全面和高效的利用。

总的来说，社会观念对档案信息资源开发的影响是深远而多维的。只有不断更新和拓展社会对档案信息资源的认知，才能真正实现档案信息资源的全面开发和利用，推动社会的进步和发展。

(四) 知识产权保护对档案利用的影响

知识产权保护对档案利用的影响是一个复杂而重要的议题。在当今社会，随着信息技术的发展和信息资源的不断增加，档案信息资源的利用和保护问题日益凸显。知识产权是档案信息资源保护的重要法律依据，它为档案信息资源的开发和利用提供了法律保障。然而，知识产权保护也可能对档案利用造成一定的影响，限制了档案信息资源的广泛利用和共享。在实际利用档案信息资源的过程中，社会因素也起着重要作用，如政策法规、经济发展水平、文化传统等，这些因素都会影响档案信息资源的开放共享和利用。因此，我们需要综合考虑知识产权保护和社会因素对档案信息资源利用的影响，推动档案信息资源的开发和利用工作，促进档案事业的发展和繁荣。

知识产权保护不仅是对档案利用的影响，更是对整个社会信息资源管理的重要环节。随着信息技术的飞速发展，档案信息资源的利用和保护也面临着新的挑战。知识产权的确可以为档案信息资源的开发和利用提供一定的法律支持，但同时也可能会限制档案信息资源的广泛共享。在实际操作中，政策法规的制定和执行、经济水平的提高，以及文化传统的影响，都会影响档案信息资源的开放和共享。因此，我们需要在综合考虑知识产权保护的基础上，积极推动开发和利用档案信息资源的工作，为档案事业的发展和繁荣注入新的活力。在这个信息泛滥的时代，保护知识产权，同时促进档案资源的开放共享，需要我们寻找一个平衡点，以更好地满足社会对档案信息资源的需求。只有这样，档案事业才能不断前行，服务社会，为历史留下更加丰富的遗产。

五、管理因素

（一）档案信息资源管理模式的影响

档案信息资源管理模式的影响是影响档案信息资源开发与利用的重要因素之一。不同的管理模式将直接影响到档案信息资源的分类、整理、保存和利用。好的管理模式能够有效地促进档案信息资源的开发和利用，提高档案信息资源的使用效率和质量。相反，若管理模式不合理，可能导致档案信息资源的混乱和浪费，影响研究者对档案信息资源的利用。因此，研究和探索有效的档案信息资源管理模式对于推动档案信息资源开发与利用具有重要意义。

（二）档案信息资源服务机构的管理影响

档案信息资源服务机构的管理对于档案信息资源的开发与利用起着至关重要的作用。在实践中，管理因素往对档案信息资源的分类、开放共享与利用产生直接影响。为了更好地促进档案信息资源的有效利用，管理者需要关注档案信息资源的分类及特点，并根据实际需求进行合理的分类与整理。同时，管理者也需要推动档案信息资源的开放共享与利用，通过案例分析探讨开放共享与利用的实施路径，以便更好地激发档案信息资源的潜力。

在档案信息资源利用的影响因素分析中，管理因素是至关重要的一部分。档案信息资源服务机构的管理水平将直接影响档案信息资源的利用效果。管理者需要关注服务机构的组织结构、人员配备、工作流程等方面，以提高档案信息资源的利用效率与质量。同时，管理者还需要重视档案信息资源服务机构的管理影响，通过优化管理模式与机制，推动档案信息资源的开发与利用。

管理因素是档案信息资源服务机构的重要影响因素之一，对于档案信息资源的开发与利用具有重要意义。管理者应当加强对档案信息资源的分类与特点分析，推动档案信息资源的开放共享与利用，以提升档案信息资源的服务质量与效益。同时，管理者还应该重视档案信息资源服务机构的管理影响，优化管理模式与机制，为档案信息资源的利用提供更加有力的支持与保障。

资源服务机构的管理水平对于档案信息资源的利用效果至关重要。随着信息技术的不断进步，档案信息资源的管理和利用方式也在发生变化。管理者需要密切关注服务机构的信息化建设和人才培养，以保证档案信息资源的高效利用。管理者还应该注重档案信息资源的保护和安全，建立完善的保密制度和信息安全管理体系，确保档案信息资源不受损坏和泄露。管理者还应该注重档案信息资源的整合和共享，通过建立统一的信息平台和标准化的数据格式，实现不同档案信息资源之间的无缝连接和共享，提高资源利用效率和质量。总的来说，管理者的决策和行动将直接影响着档案信息资源的开发和利用，只有不断优化管理模式和机制，才能更好地推动档案信息资源的利用效果，为社会和经济的发展提供强有力的支持和保障。

(三) 档案信息资源利用政策的效果评估

档案信息资源的分类及特点分析主要包括五大类资源，分别是公共档案、机构档案、企业档案、个人档案和民间档案。每类资源具有独特的特点，如公共档案重在政府文件与公民信息的保存与管理，机构档案则聚焦于组织内部资料的整理与保管，企业档案关注企业经营活动的记录和归档，个人档案则包含个人重要资料的保存，民间档案则是由民间机构或个人收集整理的各类档案资源。

档案信息资源的开放共享与利用案例分析涵盖了各领域的利用实践，例如政府部门开放档案供公众查询使用，学术机构与研究者互相共享研究成果，企业利用档案信息进行市场分析与发展战略制定，个人利用档案信息回顾生活经历，民间组织利用档案资源保存传统文化等。

档案信息资源利用的影响因素分析中关键要素包括管理因素，如档案信息资源管理体制的完善程度、人才队伍的素质与数量、档案信息系统的建设与应用水平等方面。管理因素的良好运作是保障档案信息资源有效利用的重要保障。

档案信息资源利用政策的效果评估是指对各级政府档案信息资源利用政策实施效果的评估，通过评估政策的科学性、可操作性和实施效果，指导政府进一步完善档案信息资源利用政策，促进档案信息资源开发与利用工作的取得更好的效果。

第四章 档案信息资源开发的案例研究

第一节 电子档案信息资源开发案例分析

一、网络档案信息资源开发案例

(一) 国家档案馆数字资源开发项目

国家档案馆数字资源开发项目是当前档案信息资源开发的重要领域之一。通过对历史文献、文件档案、图片资料等数字化加工处理，实现档案信息资源的数字化存储和在线服务。这些数字资源的开发不仅有助于保护历史文化遗产，也为学术研究、教育教学和社会公众提供了便利。国家档案馆数字资源开发项目涵盖了多个方面，包括数字化加工技术、数字资源管理系统建设、数字化展览和数字档案馆建设等内容。通过这些项目的实施，不仅可以实现档案信息资源的可持续利用，还可以推动我国档案事业的发展与提升。

(二) 全国博物馆数字档案资源整合项目

近年来，我国在档案信息资源开发领域取得了一系列重要进展。其中，电子档案信息资源开发案例分析呈现出突出的效果。在网络档案信息资源开发案例中，也有不少成功的经验可供借鉴。而全国博物馆数字档案资源整合项目更是为我国档案信息资源开发提供了新的思路和模式。这一项目的推进，将进一步促进我国档案信息资源的整合与共享，为学术研究和社会服务提供更加便捷的资源支持。

(三) 档案馆文献数字化项目

档案馆文献数字化项目是当前档案信息资源开发利用的重要手段之一。通过数字化项目，将传统的纸质文献转化为数字化形式，使其更加便于存储、管理和利用。这种项目可以有效地提高档案馆的信息服务水平，满足用户对文献信息的需求。在数字化项目中，档案馆需要建立完善的数字化平台和技术支持体系，保障数字化过程的顺利进行和文献信息的安全保存。档案馆还需要依托先进的数字化技术和设备，对文献进行数字化处理，包括扫描、识别、存储等环节，确保数字化文献的质量和完整性。通过档案馆文献数字化项目，可以更好地保护和传承文献信息资源，促进档案信息资源的开发与利用。

数字化项目不仅可以提高档案馆的信息服务水平，满足用户对文献信息的需求，还可以促进文献信息资源的保护和传承。在数字化过程中，档案馆需要确保数字化文献的质量和完整性，以便更好地保存和传承文献信息资源。数字化项目还能够使档案馆实现信息资源的共享和开放，为学术研究和公众服务提供更为便捷的途径。通过数字化项目，档案馆可以加强与其他机构的合作，共同推动档案信息资源的开发与利用。数字化文献还可以为档案馆的展览和教育活动提供支持，丰富公众的档案文化体验。在数字化项目的推动下，档案馆还可以开展更多创新性的服务项目，拓展档案信息资源的应用领域，实现档案文献的多元化利用和价值转化。通过不断努力推进数字化项目，档案馆可以更好地适应信息化时代的发展需求，向着数字化、智能化的档案服务体系迈进，为保护和传承人类文明的珍贵遗产做出更为积极的贡献。

二、企事业单位档案信息资源开发案例

(一) 政府部门档案信息资源开发

政府部门作为一个重要的信息资源保护和利用单位，在档案信息资源开发方面具有独特的优势和责任。通过对历史性文件、重要文件和关键信息资源的整理、保护和开发利用，政府部门能够更好地满足公众对信息的需求，促进社会的信息化进程。政府部门档案信息资源开发工作的重要性不言而喻，它不仅是对历史文化和社会发展的重要记录，更是对国家、社会和个人生活的一种重要支撑。因此，政府部门应当高度重视档案信息资源的开发和利用，不仅要保护好这些宝贵的信息资源，更要积极地运用现代技术和管理手段，加强信息资源的整理、数字化和网络化建设，为更好地服务社会和公众提供更加便捷、准确的信息服务。

(二) 企业档案信息资源开发

企业档案信息资源开发在当今信息化时代具有重要意义。通过对企业档案的开发利用，可以更好地发挥档案信息资源的作用，提高企业的竞争力和创新能力。企业档案信息资源开发涉及到对企业历史资料、业务数据、人力资源等多方面信息的整合和利用，为企业管理和决策提供重要支撑。例如，某企业通过建立电子档案管理系统，对企业各类档案进行数字化整理和存储，实现了信息检索、共享和传递的便利化，提高了工作效率和信息安全性。企业档案信息资源开发还可以为企业创新提供重要支持。通过对过去经验和教训的总结，可以指导企业未来的发展方向和战略规划，推动企业持续创新和发展。总的来说，企业档案信息资源开发是企业信息管理的重要组成部分，对企业的可持续发展和竞争力提升起着关键作用。

(三) 学术机构档案信息资源开发

学术机构档案信息资源开发是指利用学术机构所拥有的档案信息资源，通过各种手段和技术对这些资源进行开发和利用，以满足学术研究和教学需求。学术机构档案信息资源的开发和利用可以帮助研究人员更好地开展科研工作，提高研究效率和水平。对于学术机构而言，档案信息资源是宝贵的知识资产，通过对这些资源的开发和利用，可以实现知识的传承和创新，推动学术研究的发展和进步。在当今信息化的时代，学术机构档案信息资源的开发和利用已成为学术研究的重要环节，对于提高学术机构的学术声誉和竞争力具有重要意义。通过不断探索和实践，学术机构可以更好地挖掘和利用档案信息资源，为学术研究提供更加丰富和高质量的支持，推动学术成果的产出和传播。

学术机构档案信息资源的开发是学术机构建设中不可或缺的一环。这些档案信息资源承载着丰富的学术研究成果和历史文化遗产，是学术界的重要财富。通过系统的整理、数字化和开发，这些资源可以被更广泛地利用和传播，为学术研究提供更强有力的支持。同时，学术机构的档案信息资源开发也有助于推动学术研究的合作与交流，促进学术成果的互相借鉴与促进。

在当今信息化的社会背景下，学术机构档案信息资源的开发已经成为一项重要的任务。通过利用现代化的技术手段，如人工智能、大数据分析等，可以更高效地挖掘和利用这些宝贵资源。同时，开放式的档案信息资源共享平台也能够促进学术界各机构之间的合作与交流，搭建起一个更加开放和交流的学术环境。

学术机构档案信息资源的开发不仅有利于学术研究的推进，同时也可以为学术机构的学术声誉和竞争力增添新的动力。通过不断探索和实践，学术机构可以更好地挖掘和利用自身所拥有的档案信息资源，为学术研究提供更加丰富和高品质的支持。只有不断地完善和推进档案信息资源的开发工作，学术机构才能更好地实现知识的传承和创新，为学术研究的发展和进步做出更大的贡献。

(四) 社会组织档案信息资源开发

在社会组织档案信息资源开发方面，我们可以看到一些很有趣的案例。社会组织作为非营利性机构，在档案信息资源的开发和利用方面通常具有独特的需求和特点。他们在处理档案信息资源时往注重信息的准确性和完整性，以满足其内部管理和对外交流的需要。通过合理利用档案信息资源，社会组织可以更好地展示自身的历史沿革和发展轨迹，增强组织的社会影响力和公信力。同时，社会组织也可以通过档案信息资源的共享和传播，促进与外界的合作与交流，推动组织的发展和提升其影响力。在当今信息化的时代，社会组织档案信息资源的开发与利用已经成为这些组织不可或缺的重要工作，希望通过不断的努力和创新，这些社会组织可以更好地挖掘和利用自身的档案信息资源，为社会发展做出更大的贡献。

三、个人档案信息资源开发案例

（一）个人家庭档案整理与开发

档案信息资源开发与利用是一个重要的课题，个人家庭档案整理与开发是其中的一个具体案例。通过对个人家庭档案进行整理和开发，可以更好地保存和传承家族文化和记忆。家庭档案包括了家庭成员的个人资料、照片、信件、文献等，这些档案不仅是家庭历史的见证，也是一种宝贵的文化资源。通过整理和开发这些档案，可以不仅让家人更加了解家族的历史和传统，还可以促进家庭成员之间的交流和情感联系。个人家庭档案的整理和开发也可以为后代提供一个宝贵的学习和成长资源，让他们更加珍惜家庭文化的传承和发展。在这个过程中，电子化技术的应用也可以有效地帮助整理和管理家庭档案信息，提高档案信息资源的利用价值和传承效果。因此，个人家庭档案整理与开发是对档案信息资源开发的重要实践，有着深远的意义和价值。

（二）抗战老兵档案整理与开发

抗战老兵档案整理与开发一直是一个备受关注的话题。在这个过程中，我们发现了许多珍贵的历史资料和个人故事。通过整理和开发这些档案信息资源，我们可以更好地了解抗战时期的历史背景和战争情况。同时，也可以更加深入地了解那个时代的人们的生活和奋斗精神。通过对这些档案信息资源的开发，我们可以向后人传递那段历史的真实感受，让更多的人知道并珍惜我们的历史文化遗产。

在个人档案信息资源开发案例中，我们可以看到不同个人的生活轨迹和经历。每个人的档案信息资源都是独一无二的，记录着他们的成长、奋斗和感悟。通过开发这些个人档案信息资源，我们可以更好地了解个人的成长历程，推动个人成长和发展，激励更多的人追求自己的梦想和目标。个人档案信息资源的开发不仅可以让我们更好地了解自己，还可以让我们更好地了解他人，懂得尊重和理解每个人的独特性和价值。

电子档案信息资源开发案例分析是当前信息化时代的一个重要课题。通过对电子档案信息资源的开发，我们可以更好地利用现代技术手段来管理和传承历史文化遗产。电子档案信息资源的开发使得我们可以更加便捷地获取和使用历史资料，推动历史文化的传承和发展。同时，电子档案信息资源也为我们提供了更多的研究和探索空间，让我们可以更深入地挖掘历史文化的价值和意义。通过电子档案信息资源的开发，我们可以更好地了解过去，指导未来，让我们的历史文化更加丰富多彩。

（三）名人档案信息资源开发

名人档案信息资源开发：通过对名人档案信息资源的开发，可以更好地了解名人的生平事迹、思想成就和影响力。这些档案信息资源不仅可以为学术研究提供重要素材，还可以用于文化传承和教育教学。通过对名人档案信息资源的数字化整理和利用，可以方便人们获取相关资料，促进学术交流和文化交流。名人档案信息资源的开发还有助于激发人们对名人的兴趣和认识，促进公众对名人的传记和故事的理解和传播。名人档案信息资源开发的意义在于保护、传承和发扬名人的精神风貌，对于文化传统的传承和发展起着重要作用。

四、其他档案信息资源开发案例

（一）印刷档案信息资源开发

印刷档案信息资源开发是指利用印刷出版物、图书、报纸等纸质文献资源，经过整理、分类、数字化等技术手段，建立起便于检索和利用的档案信息资源库。在数字化时代，印刷档案信息资源开发也逐渐从传统的纸质文献向数字化文献发展，使得用户能够更便捷地获取到所需的信息资源。通过对印刷档案信息资源的开发，可以有效提高信息资源的利用效率，促进学术研究和社会发展的进步。在实践中，印刷档案信息资源开发需要不断创新技术手段和方法，以适应信息化的发展趋势，同时也要保证信息资源的可靠性和安全性，确保用户能够准确、及时地获取到所需信息。

（二）影视档案信息资源开发

在当今数字化快速发展的时代，电子档案信息资源的开发越来越受到重视。通过对电子档案信息资源进行案例分析，可以更好地了解其开发与利用的具体情况。除了电子档案外，还有许多其他类型的档案信息资源也在被积极开发，并取得了一定的成果。对于影视档案信息资源的开发，其意义也是不可忽视的。通过开发影视档案信息资源，不仅可以保护和传承影视作品，还可以促进文化产业的发展。因此，在档案信息资源开发与利用的过程中，影视档案也应该得到充分的重视和利用。

（三）文学作品档案信息资源开发

在文学作品档案信息资源开发领域，研究者们通过深入挖掘作品背后的档案信息资源，不仅能够更好地理解作品本身，还可以揭示作品创作背景、作者写作意图等方面的内在联系。通过对文学作品档案信息资源的开发与利用，研究者能够更全面地了解文学作品的历史背景、文化内涵以及社会意义，为文学研究提供了更为立体和深入的视角。通过对作品所涉及的档案信息资源进行系统整理和分析，可以提高研究者对文学作品的理解和解读能力，为学术研究提供了丰富的研究素材和数据支持。通过对文学作品档案信息资源的深入挖掘和发掘，可以为文学研究注入新的活力和动力，为学术界提供更为全面和深入的文学研究成果。

（四）文物档案信息资源开发

文物档案信息资源开发：文物档案信息资源的开发与利用是我国档案事业发展的重要组成部分，加强对文物档案信息资源的开发与利用，对于弘扬文化传承、促进社会进步和发展具有重要意义。同时，文物档案信息资源的开发利用也是我国档案事业的重要任务之一。在当前数字化时代，文物档案信息资源的开发利用面临着许多机遇和挑战。通过对文物档案信息资源的开发与利用，有助于推动我国档案事业的发展，促进我国文化产业的繁荣。通过对文物档案信息资源的开发与利用，可以更好地保护和传承中华民族优秀传统文化，推动文化产业的发展，促进国家软实力的提升。文物档案信息资源的开发与利用也是我国档案事业发展的必然趋势，在未来的发展中，我们需要不断创新，加强对文物档案信息资源的开发与利用，为我国的文化传承和创新注入新的活力。

第二节　纸质档案信息资源开发案例研究

一、档案修复与数字化保护

（一）古籍整理与数字化保护

在古籍整理与数字化保护的过程中，研究人员需要通过对古籍的整理和数字化保护，实现古籍信息资源的永久保存和传承。通过对古籍的文字内容进行扫描和转换，可以将其转化为数字化的形式，方便进行存储和传播。同时，对于古籍的修复工作也至关重要，可以通过一系列的技术手段和方法，修复古籍中存在的损坏、缺漏等问题，保护古籍不受进一步的损害。古籍整理与数字化保护的工作，对于弘扬中华传统文化、加强文化自信、提升国家软实力具有重要意义。

（二）珍贵历史文献档案修复

珍贵历史文献档案修复是档案信息资源开发中的重要环节，通过对文献档案的修复和保护，可以有效地保存历史文献的完整性和真实性，使其能够长期保存并得以利用。在档案修复过程中，专业的修复人员会根据文献的材质、年代和状况，采用相应的修复方法和技术，包括纸张修复、文字修复和插页修复等。同时，结合数字化技术，将修复后的文献档案进行数字化保护，以便更加方便地进行存储、检索和利用。通过档案修复与数字化保护的工作，可以有效地延长珍贵历史文献的保存时间，让更多的人能够从中获取有益的信息和知识。

（三）日记信件翻修与数字化处理

关于日记信件的翻修与数字化处理，我们可以说这是一项非常重要的工作。通过对这些历史文献进行翻修和数字化处理，我们可以更好地保存和传承这些珍贵的文物。这项工作不仅可以让人们更方便地获取和阅读这些文献，也可以有效保护它们免受时间和自然因素的侵害。日记和信件往记录了历史时期的重要事件和见解，通过对它们进行数字化处理，可以更好地传播和分享这些珍贵的历史信息。同时，数字化处理还可以让这些文献更易于管理和保存，确保它们可以被后人继续研究和探讨。通过这项工作，我们可以更好地理解历史，传承文化，让这些珍贵的历史文献得到更好的保护和利用。

（四）古代书画作品修复与数字化

在古代书画作品修复与数字化的过程中，研究人员通过采用先进的技术手段和方法，对古代书画作品进行修复和保护工作，同时将这些修复后的作品数字化存储，以实现其长久保存和传承目的。通过对古代书画作品修复的案例研究，研究人员可以更好地了解古代书画作品的特点和价值，同时也可以更好地掌握修复和数字化的技术要领，为后续研究提供更为可靠的数据支撑。

古代书画作品修复与数字化的过程中，研究人员需深入研究书画作品的材质、古老的绘画技法以及受损情况等方面的信息，通过对这些信息的综合分析和处理，可以有针对性地开展修复工作，并确定修复的方向和方法。在数字化保护方面，研究人员需要运用先进的数字技术,将修复后的作品以高清晰度的图片或三维模型的形式进行数字化储存,以确保其在数字环境下的质量和完整性。

古代书画作品修复与数字化是一项涉及到文物保护、艺术传承和科技创新等多个领域的综合性工作,研究人员在这一过程中需要充分发挥专业知识和创新能力,结合实际情况不断探索和完善修复与数字化的技术方法,为古代书画作品的保护和传承做出积极贡献。通过这一过程,古代书画作品不仅得以修复保存,更可以借助数字化技术实现更广泛的展示和传播,使更多人有机会欣赏到这些珍贵的文化遗产。

在修复古代书画作品与数字化保护方面,研究人员需要充分考虑文物的材质特性和受损程度,制定出科学合理的修复方案,并在数字化储存时保证作品的真实性和完整性。同时,随着科技的不断进步,数字化技术也日益普及和完善,研究人员可以借助人工智能、虚拟现实等新技术手段,提高修复和数字化的效率和精度,为文化遗产的传承和保护注入新的活力。

值得注意的是,古代书画作品修复与数字化需要多方合作,包括文物保护机构、艺术相关机构、数字技术公司等,形成合力,共同推动该项工作的开展。除此之外,研究人员还需积极开展人才培养和交流合作,不断拓展研究领域,为古代书画作品的保护和传承提供更多的思路和解决方案。

在实践中,古代书画作品修复与数字化工作也需要不断总结经验,吸取教训,建立完善的管理制度和技术标准,确保修复和数字化工作的科学性和规范性。只有在不断探索创新的过程中,我们才能更好地保护和传承古代书画作品的历史文化价值,让这些珍贵的文化遗产得以永久传世,让人们能够深刻领略到古代智慧和艺术之美。

二、纸质档案的分类整理与开发

(一)档案分类整理方法探讨

档案分类整理方法的重要性不言而喻,它是在建立档案信息资源的基础上,为了更好地保护和利用这些资源而必不可少的环节。通过对档案内容的分类整理,可以帮助用户更快速地找到所需信息,提高信息检索效率。档案分类整理方法还可以使档案信息资源更加有序、清晰,便于长期保存和管理。

在进行档案分类整理时,通常会采用按主题、按时间、按形式等不同的分类方法。按主题分类是将档案按照内容进行分类,便于用户按照不同主题查找相关信息;按时间分类则是按照档案产生的时间顺序进行分类,有助于研究人员了解历史事件的发展过程;而按形式分类则是按照档案的形式特点进行分类,如文件、图片、音频等。

值得一提的是，档案分类整理方法并非一成不变的，需要根据实际需求和档案信息资源的特点来灵活应用。有些档案信息资源可能需要综合运用不同的分类方法，以确保信息检索的全面性和准确性。因此，在进行档案分类整理时，要充分考虑用户的需求，精心设计分类体系，以提高档案信息资源的开发利用价值。

在进行档案分类整理时，不同的方法可以为用户提供更便捷的信息检索渠道。按主题分类的优势在于方便用户根据具体内容查找相关信息，而按时间分类则能够反映历史事件的发展脉络，帮助研究者深入了解相关背景。按形式分类也是一个很好的选择，因为不同形式的档案可能需要不同的处理和保存方式，以确保长期保存的质量和完整性。

在实际操作中，我们还应该根据具体档案信息资源的特点，采取灵活多样的分类方法。有些档案信息可能涉及多个主题，需要综合应用不同的分类方式；有些档案则可能是跨时间跨形式的，需要在分类整理时做好横向和纵向的衔接。只有根据实际需求和档案特点进行精心设计，才能更好地体现档案信息资源的开发利用价值。

档案分类整理工作中还需要重点关注用户需求，以提高其检索的效率和准确性。只有充分理解用户的要求，才能更好地设计出符合其使用习惯的分类体系。在整理过程中，应该定期进行分类效果评估，及时调整和完善分类标准，保证档案信息资源的质量和可用性。总的来说，档案分类整理工作需要细致入微，全面考虑各种因素，以实现档案信息资源的最大化利用。

（二）古代档案整理与开发

古代档案整理与开发的重要性不言而喻，通过对古代档案的整理和开发，可以更好地了解历史尤其是古代社会的文化、政治、经济等各个方面。古代档案的整理工作包括分类、建立检索系统、数字化存储等多个方面，这样不仅有利于保护和保存古代档案，还能方便研究人员和历史爱好者进行查阅和研究。在古代档案整理与开发过程中，需要借助先进的技术手段，如数字化技术、数据库管理系统等，以提高整理工作的效率和质量。同时，也需要注重保护古代档案的完整性和真实性，以确保研究成果的可靠性和科学性。在古代档案整理与开发工作中，有关部门和研究机构应加强合作，共同推动古代档案事业的发展，为研究人员和社会公众提供更多有益的历史信息资源。

古代档案整理与开发是一项至关重要的工作，它不仅有助于我们更好地了解历史，还可以促进文化、政治、经济等领域的研究和学术交流。在整理古代档案的过程中，我们需要遵循严谨的分类标准，建立完善的检索系统，以便更高效地存取信息。同时，通过数字化存储方式，可以更好地保护古代档案，确保其长久保存。

古代档案的整理工作需要借助先进的技术手段，比如数字化技术和数据库管理系统，这不仅提高了工作效率，还可以保证整理工作的质量。在保护古代档案的完整性和真实性方面，我们也要十分重视，只有这样才能确保研究成果的准确性和可信度。

古代档案整理与开发的过程中，各相关部门和研究机构之间需要加强合作，共同推动古代档案事业的发展。只有通过合作协作，才能更好地整合资源，拓展研究领域，为研究人员和社会公众提供更多有益的历史信息资源。

在这个信息爆炸的时代，古代档案的整理与开发工作显得更加迫切和重要。我们应当珍视历史文化遗产，不断完善整理工作的方法和技术，使之成为推动历史研究和学术交流的强大动力。通过持之以恒的努力，我们可以更好地传承和弘扬古代文明，为我们的文化遗产增添新的光彩。

（三）民国时期档案整理与开发

在民国时期，档案整理与开发起到了非常重要的作用。许多档案资料的整理与开发工作得以展开，为研究者提供了丰富的研究素材。民国时期档案整理与开发工作的意义，不仅在于整理出更加完整和系统的档案资料，还在于通过研究和利用这些档案资源，揭示出历史真相和价值。在当时的档案整理与开发过程中，有许多具有代表性的案例，这些案例在推动学术研究和历史研究方面发挥了积极作用。通过对民国时期档案整理与开发案例的研究分析，我们可以更加深入地了解当时的历史文化和社会风貌，为今后的研究工作提供更为丰富和深入的资料基础。

（四）文革档案信息整理与开发

文革档案信息整理与开发是当下档案工作中的重要内容之一。通过对文革时期档案信息的整理与开发，可以深入了解那个历史时期的社会政治背景、人物关系和事件发展。在整理文革档案信息的过程中，需要对档案进行分类整理和数字化处理，以便更好地保存和利用这些宝贵的历史资料。同时，开发文革档案信息资源还可以为学术研究和社会教育提供重要依据，帮助人们更加客观地认识历史和反思现实。在推动文革档案信息整理与开发的过程中，需要充分利用现代科技手段，提高整理工作的效率和质量，同时加强对档案信息的管理和保护，确保档案资源的安全和可持续利用。通过对文革档案信息的整理与开发，可以促进历史文化遗产的传承与发展，为建设社会主义文化强国作出积极贡献。

(五)现代档案信息整理与开发

现代档案信息整理与开发：在当今信息化快速发展的时代背景下，档案信息的整理与开发显得尤为重要。随着电子档案的兴起，许多机构和组织开始将传统的纸质档案数字化，以便更好地利用和管理档案信息资源。电子档案信息资源开发案例分析表明，数字化能够提高档案信息检索的效率，降低档案管理的成本，同时也能够保证档案信息的安全性和完整性。

除了电子档案外，还有许多其他形式的档案信息资源开发案例。比如，一些机构通过建立专门的档案馆或博物馆来展示和利用档案信息资源；另一些机构则通过合作与共享的方式，将档案信息资源整合在一起，以实现资源共享与互联互通。

纸质档案信息资源开发案例研究则侧重于传统纸质档案的整理与开发。通过对纸质档案的分类整理与开发，可以更好地保护和利用传统档案信息资源，为学术研究和社会发展提供重要支撑。

现代档案信息整理与开发不仅包括电子档案信息资源的开发，还涵盖了其他形式档案信息资源的利用与管理，以及传统纸质档案信息资源的整理与开发。这些工作的开展不仅有助于提高档案信息的利用率和价值，还有助于推动档案事业的发展和进步。

三、档案的保管与利用

(一)古代档案的保管方法

古代档案的保管方法有许多不同的方式，其中包括将档案存放在精心设计的建筑物中，以确保其质量和安全。一些档案也会被保存在密封的容器中，以防止受到潮湿或虫害的侵害。古代人们还会使用特殊的标识和分类系统来管理档案，以便于查找和使用。一些档案还会被复制并保存在不同的地点，以确保即使一份档案丢失或损坏，仍能够找到备份。总的来说，古代档案的保管方法是经过精心设计和组织的，目的是确保档案的完整性和可用性。

(二)公共档案的开放利用

档案的保管与利用是档案管理工作中至关重要的一环，而公共档案的开放利用更是重要的一部分。在开放利用的过程中，档案管理者需要保证档案的安全性和完整性，同时也需要考虑如何最大限度地向社会公众提供档案信息资源。通过开放利用，不仅可以促进档案信息资源的传播与共享，还可以为学术研究和社会发展提供重要支持。公共档案的开放利用不仅有利于促进档案信息资源的发展和利用，还有助于提升档案管理工作的透明度和效率。通过适当的开放利用政策和措施，可以更好地实现档案资源的社会化价值和实用性，为社会公众提供更加便捷和高效的档案服务。

公共档案的开放利用是档案管理工作中的一项重要任务，它能够促进档案信息资源的传播与共享，为学术研究和社会发展提供支持。在开放利用的过程中，档案管理者需要确保档案的安全性和完整性，同时也要考虑如何更好地向社会公众提供档案信息资源。通过适当的开放利用政策和措施，可以提升档案管理工作的透明度和效率，实现档案资源的社会化价值和实用性。公共档案的开放利用不仅有助于促进档案信息资源的发展和利用，还能为社会公众提供更便捷和高效的档案服务。实施开放利用政策不仅符合信息公开的原则，也有利于推动数字化档案的发展，促进档案资源的数字化、网络化和现代化。通过广泛开展公共档案的开放利用，可以加强公众对档案管理工作的理解和支持，建立起更加紧密的档案管理与社会之间的联系，推动档案事业的健康发展。在开放利用的过程中，档案管理者需要与社会各界密切合作，共同推动公共档案事业的进步，为社会公众提供更全面、更便捷的档案服务。

(三) 区域文献档案的整理与开发

档案信息资源开发与利用是一个重要的课题，其中区域文献档案的整理与开发更是至关重要。通过对区域文献档案的深入整理与开发，可以挖掘出许多有价值的信息资源，为学术研究和社会发展提供有力支撑。在整理区域文献档案的过程中，需要注重保护和保存这些珍贵的历史信息，同时也要运用现代化技术手段，以更好地利用这些文献。只有将区域文献档案整理得井有条，才能更好地为学术界和社会各界所用。在开发区域文献档案的过程中，需要结合实际需求，深入挖掘文献信息的内涵，从而为相关研究和应用提供支持。通过整理和开发区域文献档案，可以帮助人们更好地理解历史文化，促进各领域的发展与创新。档案的保管与利用是一项综合性工作，需要全面考虑档案的保存、管理和利用问题。只有做好档案的保管工作，才能更好地为利用工作打下坚实的基础。在进行档案信息资源开发时，需要综合考虑电子档案和纸质档案两种形式，充分挖掘各种档案信息资源的潜力。不同类型的档案信息资源开发案例研究也有其独特之处，需要根据具体情况有针对性地进行分析和研究。通过电子档案信息资源开发案例分析、其他档案信息资源开发案例以及纸质档案信息资源开发案例研究，可以全面了解各种档案信息资源的特点与使用方法，为档案信息资源开发与利用工作提供有益参考。

(四) 华侨历史文献整理与开发

华侨历史文献整理与开发是一项重要的工作，在我国档案信息资源开发领域中具有重要意义。通过对华侨历史文献的整理和开发，可以更好地保护和传承华侨文化传统，加深人们对华侨历史的了解。在实践中，我们可以采取多种方式对华侨历史文献进行整理和开发，以便更好地利用这些宝贵资源。通过对华侨历史文献的整理和开发，可以促进中外文化交流，增进民族团结，推动社会进步。因此，我们应该加强对华侨历史文献的整理和开发工作，不断丰富我国档案信息资源，为推动档案事业发展作出更大的贡献。

四、纸质档案文献数字化项目

(一) 民国时期文献数字化保护

在民国时期，文献数字化保护是非常重要的工作。通过数字化技术，可以更好地保存和传承重要的历史文献，让人们能够更方便地获取和利用这些珍贵的文献资源。通过对民国时期文献的数字化保护工作，可以有效地保护文献的完整性和可持续性，使其不受时间和环境的影响。民国时期的文献数字化保护工作，为我们了解和研究历史提供了重要的信息和资源。在数字化保护的过程中，我们需要借助先进的技术手段，如数字扫描、图像处理、OCR 识别等，来确保文献数字化的准确性和可靠性。通过数字化保护工作，可以更好地保护和传承民国时期的文献，让这些宝贵的历史资源得以永久保存，并为后人研究和利用提供便利。

在民国时期，文献数字化保护工作的重要性不言而喻。数字化技术的应用使得历史文献的保存和传承变得更加便利和高效。通过数字化保护，我们可以确保历史文献的完整性和可持续性，使其不会因时间的流逝或环境的变迁而遭受损坏或丢失。这项工作为我们提供了极为宝贵的历史信息和资源，为了能够有效地进行数字化保护，我们必须运用先进的技术手段，如数字扫描、图像处理、OCR 识别等。通过这些技术手段，我们可以确保文献数字化的准确性和可靠性，从而更好地保护和传承民国时期的文献资料。

民国时期的文献数字化保护工作也为后人的历史研究和利用提供了便利。这些宝贵的历史资源可以永久地保存下去，为我们提供了丰富的研究素材和历史背景。通过数字化保护工作，我们可以更好地了解民国时期的社会风貌、文化传统和政治经济情况，为我们认识和理解那个时代的发展进程提供了重要依据。数字化保护不仅是简单地将文献转化为电子形式，更是将文献资源在数字化时代得以传承和发展，为我们打开了解历史、探索历史的新窗口。

在未来，我们需要进一步完善文献数字化保护技术和体系，提高数字化保护作业的质量和效率。只有通过不懈的努力和探索，我们才能更好地保护和传承民国时期的文献资源，让这些宝贵的历史遗产永远流传下去，为后人提供更多的历史借鉴和研究价值。

（二）抗战时期档案信息资源开发

抗战时期档案信息资源开发，是指通过对抗战时期各类档案文献的整理、数字化、资源化等工作，以便更好地为学术研究和社会学习服务。在抗战时期，各个民族团结一致、浴血奋战，留下了大量珍贵的档案信息资源，记录着那段历史的英雄事迹、社会变迁和文化传承。对这些档案信息资源进行开发，有助于人们更加深入地了解那段历史、传承革命精神，激励人们勇往直前，铭记历史、护卫和平。在当下，随着科技的不断发展，数字化技术的应用为档案信息资源的开发提供了便利条件，各级档案机构和研究机构开展了一系列抗战时期档案信息资源开发的项目，取得了许多丰硕成果。这些成果不仅推动了我国档案事业和学术研究的发展，也为抗战时期历史的传承和弘扬提供了重要支撑。抗战时期档案信息资源开发的工作，不仅有助于挖掘抗战历史的宝贵资源，还为当代社会发展提供了有益的借鉴和启示。

在当今社会，抗战时期档案信息资源的开发不仅是一项重要的历史工作，更是对我们现在生活的影响和启示。通过深入挖掘这些档案信息资源，我们可以更好地认识历史的沧桑巨变，了解那段时期的人们是如何付出一切，坚守信念与理想的。这些英雄事迹和社会变迁，不仅是历史的见证，更是我们应当学习和传承的宝贵财富。

抗战时期档案信息资源的开发，不仅是为了回顾历史，更是为了引导当代人勇往直前，传承革命精神，铭记历史、护卫和平。我们应当从中汲取力量和启示，牢记历史的教训，珍惜和平的来之不易。通过挖掘这些档案信息资源，我们能够更好地弘扬抗战时期的英雄精神，激励我们奋发向前，迎接未来的挑战。

今天的数字化技术的应用，为抗战时期档案信息资源的开发提供了前所未有的便捷条件。各级档案机构和研究机构积极开展档案信息资源的数字化工作，使得这些珍贵的历史资料得以永久保存和传承。通过这些项目的开展，我们不仅推动了我国档案事业和学术研究的发展，也为抗战时期历史的传承和弘扬提供了坚实的支撑。抗战时期档案信息资源的开发工作必将继续推进，为我们提供更多有益的借鉴和启示，让我们更加铭记历史，珍爱和平，共同创造美好的未来。

（三）文物档案信息资源的数字化保存

文物档案信息资源的数字化保存，是指将古代文物相关的档案信息资源进行数字化处理，以便更好地保存和利用这些珍贵的历史遗产。通过数字化保存，可以将文物档案信息资源转化为电子形式，实现信息的长期保存和快速检索。这一过程不仅能够有效防止文物档案信息资源的丢失和损坏，还能够提高文物档案信息资源的利用价值并促进文化遗产的传承与发展。在数字化保存的过程中，需要遵循专业的技术标准和方法，确保信息的完整性和可靠性。通过数字化保存，可以让更多的人了解和研究古代文物，推动文化产业的发展，促进文化交流与合作。

（四）文献数字档案的利用与展示

文献数字档案的利用与展示，是当前档案信息资源开发与利用领域中的热点问题。通过对纸质档案进行数字化处理，将其转化为电子形式，不仅可以实现档案信息的高效获取和存储，还可以通过不同的展示方式将信息资源进行利用。实现电子档案信息资源的开发与利用，对于解决传统纸质档案管理中存在的诸多问题具有重要意义。同时，也有必要对其他类型的档案信息资源开发案例进行深入研究，在实践中不断探索适合不同类型档案的数字化处理方法。对于一些特殊的纸质档案信息资源而言，在数字化处理过程中可能会遇到各种挑战，但只有充分发挥数字技术的优势，才能实现文献数字档案的有效利用与展示。

（五）纸质档案与数字档案整合

纸质档案与数字档案整合是档案信息资源开发的重要方式之一。通过将传统的纸质档案与数字化档案进行整合，可以实现档案信息的数字化存储与管理，提高档案信息的利用率和便捷性。在实际项目中，纸质档案文献数字化项目是一种常见的整合方式，通过将纸质档案文献进行数字化处理，可以更好地保护档案信息，同时使其更加便于访问和利用。除此之外，还可以借助电子档案信息系统等技术手段，对纸质档案信息资源进行数字化整合，实现纸质档案与数字档案的无缝衔接和互通互联。通过这种整合方式，可以更好地实现档案信息资源的全面开发和利用，为学术研究和社会服务提供更加便捷和高效的支持。

纸质档案与数字档案整合的方式多种多样，其中一种常见的方法是利用数字技术将传统的纸质档案转化为电子版，实现数字档案与纸质档案的无缝连接。通过数字化处理，不仅可以更好地保护档案信息的完整性和可访问性，同时也能够提高档案信息的检索效率和利用率。现代科技的发展还为纸质档案与数字档案整合提供了更多可能性，例如利用人工智能技术进行文本识别和自动化整理，从而进一步提高整合的效率和质量。

除了纸质档案文献数字化项目外，还可以通过建立电子档案信息系统来实现纸质档案与数字档案的整合。这种系统不仅可以实现档案信息的数字化存储和管理，还可以提供更加便捷和高效的检索和利用服务。通过建立完善的档案信息系统平台，可以实现纸质档案与数字档案的互通互联，让各类档案信息资源无障碍地连接在一起。这样的整合方式不仅有助于提高档案信息资源的开发和利用效率，也为学术研究和社会服务提供了更加便捷和高效的支持。

在未来，随着技术的不断进步和档案管理念的不断更新，纸质档案与数字档案的整合方式将会不断丰富和完善。可以预见的是，数字化技术的应用将进一步深化纸质档案与数字档案之间的互动，为档案信息资源的开发和利用提供更加便捷和高效的途径。通过不断探索和实践，纸质档案与数字档案的整合将为档案事业的发展注入新的活力和动力。

第三节　档案信息资源开发与地方文化挖掘

一、民俗档案资源的挖掘与开发

（一）民间传统节日档案整理

民间传统节日档案整理，是指对民间传统节日相关档案材料进行搜集、整理、管理和利用的过程。这些档案材料包括历史文献、图片、视频、音频等多种形式的资料，记录着丰富的民俗文化遗产和传统节庆活动。通过对这些档案信息资源的整理和利用，可以促进对传统文化的传承和弘扬，挖掘和发掘民间传统节日的文化内涵和历史价值。同时，也能够提供丰富的研究素材和参考资料，为学术研究和文化传播提供支持。在当今数字化的时代背景下，利用现代技术手段对民间传统节日档案进行数字化处理，可以更好地保护和传承这些珍贵的文化遗产，扩大其传播范围和促进文化交流。民间传统节日档案整理工作虽然具有一定的挑战性，但也为我们提供了更多的机遇和可能性，希望在这一领域的研究和实践中取得更多的成果和进展。

在进行民间传统节日档案整理工作时，我们需要深入挖掘历史文献、图片、视频、音频等各种形式的资料，这些档案记录着丰富的民俗文化遗产和传统节庆活动。通过对这些信息资源的整理和利用，我们可以促进对传统文化的传承和弘扬，同时也可以为学术研究和文化传播提供支持。现代技术手段的运用使得民间传统节日档案数字化成为可能，这有助于更好地保护和传承这些珍贵的文化遗产，并扩大其传播范围，促进文化交流。尽管民间传统节日档案整理工作具有一定挑战性，但也为我们提供了更多机遇和可能性，希望在这一领域的研究和实践中取得更多成果和进展。民间传统节日的文化内涵和历史价值需要被深入挖掘和传承，同时也需要得到广泛的传播和认可，这样才能让世人更好地了解和体验到这些宝贵的文化遗产。通过民间传统节日档案整理工作，我们可以让这些传统文化得以延续，为后人留下更加丰富而珍贵的文化遗产。愿我们在不懈的努力下，能够更好地保护和传承民间传统节日的文化精神，让这些宝贵的传统文化得到更广泛的传播和传承。

（二）民俗习俗档案信息开发

民俗习俗档案信息开发是对传统文化的深入研究和挖掘，通过对档案资料的整理、保护和利用，可以更好地传承和发扬民族传统。民俗档案资源的挖掘与开发，不仅可以帮助我们了解历史文化的变迁和发展，同时也可以激发人们对传统文化的热爱和保护意识。通过对民俗档案的深入研究和分析，可以促进文化的传承和发展，为当代社会提供宝贵的文化遗产。在这个过程中，民俗习俗档案信息的开发和利用显得尤为重要，通过数字化和网络化手段，可以更好地传播和推广民俗文化，让更多的人了解和参与到传统文化的传承中来。

（三）民俗歌谣记录与保护

民俗歌谣是一种特殊的文化遗产，记录着民间生活中的智慧和情感。对民俗歌谣的记录与保护，不仅有利于传承和弘扬传统文化，也有助于研究和理解人类社会发展的历史和变迁。在档案信息资源开发中，民俗歌谣的记录与保护也成为了重要的一环。通过挖掘民间歌谣的原始素材，数字化保存和整理这些资源，可以更好地传承和保护这一特殊的文化形式。

民俗歌谣记录与保护的工作，不仅需要对歌谣的文字进行记录和整理，还需要对歌谣的演唱方式、传承渠道等进行深入研究。通过对歌谣的内容和形式进行系统分类和整理，可以更好地了解民俗文化的发展脉络，挖掘出更多珍贵的文化资源。同时，建立民俗歌谣的数字化数据库，不仅有助于学术研究和文化传承，也可以为更广泛的社会大众提供方便和依据，促进民俗文化的传播和发展。

在档案信息资源开发与利用中，民俗歌谣记录与保护是一个充满挑战和机遇的领域。通过合理利用现代技术手段，结合传统的田野调查和研究方法，可以更好地保护和传承民俗歌谣这一珍贵的文化遗产。只有不断努力，才能让民俗歌谣这种独特的文化形式得到更好地传承和发展。

民俗歌谣作为一种古老而珍贵的文化形式，承载着丰富的历史和民族记忆。在当今社会，随着城市化进程的加快，传统文化逐渐淡出人们的视野，民俗歌谣也面临着失传的危机。因此，加强对民俗歌谣的记录与保护显得尤为重要。

为了更好地保护和传承民俗歌谣，我们需要从多个角度入手。应该积极开展田野调查，深入挖掘各地的民俗歌谣资源，确保其获得全面的记录和整理。可以利用现代数字化技术，建立一个统一的民俗歌谣数据库，实现歌谣内容的存储和管理，使其更易于传播和研究。还可以借助社交媒体等平台，开展民俗歌谣推广活动，吸引更多的年轻人参与其中，实现传统文化的活化与传承。

除了以上方法，还应该注重人才培养，培养一批对民俗歌谣有深入研究的专业人才，他们不仅能够继承和发扬传统文化，还能够将民俗歌谣与当代社会相结合，创新出更具时代特色的作品。同时，政府和相关机构也应该出台政策支持，为民俗歌谣的传承与发展提供更多的资源和保障。

总的来说，民俗歌谣记录与保护工作的重要性不可忽视。只有通过各方共同努力，才能让这种宝贵的文化遗产得到有效传承，继续照亮人们的心灵，为社会的发展注入更多文化动力。

二、地方历史文献档案资源整合

（一）地方文献档案开发计划

地方文献档案开发计划是指针对地方文献档案资源进行有效整合、开发和利用的策划和实施方案。通过对地方文献档案资源的系统梳理和挖掘，可以更好地保护和传承地方文化遗产，促进地方文献资源的有效开发和利用。地方文献档案开发计划的制定可以有效提高地方文献档案资源的整体利用效率，推动地方文献档案事业的发展，为地方文化建设和社会发展提供有力支撑。通过地方文献档案开发计划的实施，可以进一步加强地方文献档案资源的整合和共享，促进地方文献档案资源的数字化、网络化和智能化建设，提升地方文献档案资源的保护、传承和利用水平，助力地方文献档案事业迈向新的发展高度。

地方文献档案开发计划的实施，是对地方文献档案资源进行深入挖掘和整合的重要举措，有助于加强地方文献档案资源的保存和传承。在实施过程中，需要建立完善的档案管理体系，规范地方文献档案的采集、整理和存储工作，确保档案资源的完整性和可持续利用性。同时，地方文献档案开发计划还应注重与数字技术的结合，推动地方文献档案资源的数字化处理和网络化展示，以适应信息化时代的需要。

通过地方文献档案开发计划的执行，可以加强地方文献资源之间的相互联系与交流，促进不同地区文献档案资源之间的共享和互补，有利于形成更为完整和准确的文献资料。地方文献档案开发计划的实施还能够激发社会各界对地方文化的关注和热情，推动地方文献事业的蓬勃发展，为地方文化的传承与创新提供强有力的支撑。

在实施地方文献档案开发计划的过程中，应注重与相关部门和机构的合作与协调，建立起多方合作的工作模式，形成合力推动地方文献档案资源的开发与利用。还需要加强对档案工作人员的培训和引导，提高他们的专业素养和工作能力，以保证地方文献档案开发计划的顺利实施和有效推进。

总的来说，地方文献档案开发计划是一项具有重要实践意义和现实意义的工作，其实施将为地方文献事业的发展注入新的活力和动力，推动地方文化的繁荣与进步，构建和谐的社会环境，为后人留下宝贵的历史遗产。

(二) 地方历史文献数字化整理

地方历史文献数字化整理是档案信息资源开发的一个重要方面。通过将地方历史文献进行数字化整理，可以有效保护和传承地方文化遗产。数字化整理可以提高文献的可访问性和可持续利用性，使更多人能够了解和研究地方历史文献。在数字化整理过程中，需要采用先进的数字技术和设备，确保文献的准确性和完整性。同时，还需要建立完善的信息管理系统，方便用户查询和检索相关文献。通过地方历史文献数字化整理，可以为地方文化挖掘和研究提供重要支持，推动地方文化的传承和发展。

(三) 地方名人档案整理与开发

随着社会的发展和进步，档案信息资源的开发与利用已成为当今社会信息化建设的重要组成部分。在数字化时代，电子档案信息资源的开发案例分析不容忽视，通过运用先进的技术手段，可以更好地管理和利用这些宝贵的信息资源。除了电子档案外，纸质档案信息资源的开发案例研究也具有重要意义，数字化项目可以有效地保护和传承传统文化。档案信息资源的开发与地方文化挖掘更是不可或缺的一环，地方历史文献档案资源整合可以帮助更好地挖掘和传承地方文化，对于地方名人档案整理与开发更是提出了更高的要求。在今后的研究中，我们将继续探讨档案信息资源开发与利用的相关问题，为推动信息化建设和文化传承贡献力量。

随着社会的不断变化和进步，档案信息资源的开发与利用变得愈发重要。在当今的数字化时代，电子档案信息资源的开发案例分析呈现出了更大的挑战和机遇。

通过运用先进的技术手段，我们可以更有效地管理和利用这些信息资源，促进社会信息化的建设步伐。

除了电子档案，纸质档案信息资源的开发案例研究同样具有重要意义。数字化项目的实施不仅可以有效地保护和传承传统文化，还能够为文化的传播和发展提供更广阔的空间。档案信息资源的开发与地方文化挖掘更是一项不可或缺的任务。地方历史文献档案资源的整合将有助于更好地挖掘和传承地方文化精髓，为地方社会的发展注入新的活力。

地方名人档案的整理与开发更是一项具有挑战性的任务。通过深入挖掘地方名人的生平事迹、成就和影响，我们可以更好地了解和传承地方文化的精髓，激励当代人们继承和发扬优秀传统。

在未来的研究中，我们将继续探讨档案信息资源开发与利用的相关问题，努力为推动信息化建设和文化传承贡献自己的力量。只有不断地完善档案信息资源的开发与利用体系，才能更好地实现社会信息化的目标，促进文化传承和发展，为社会的繁荣进步做出更大的贡献。

三、乡土文化档案信息资源开发

（一）乡土文化非遗档案整理与展示

乡土文化非遗档案整理与展示，作为档案信息资源开发的重要实践领域之一，具有不可忽视的价值和意义。通过对乡土文化非遗档案的整理与展示工作，可以有效地传承和弘扬传统文化，促进地方文化的挖掘和保护。同时，这一工作也有助于增进人们对地方文化的认识和理解，促进文化的多元发展。在整理和展示乡土文化非遗档案的过程中，需要充分发挥档案信息资源的作用，利用先进的技术手段和方法，将这些珍贵的档案信息资源进行有效整理和展示，以便更好地为社会公众服务。通过这一工作，可以将乡土文化非遗档案与现代社会相结合，实现文化的传承与创新，推动乡土文化的发展和繁荣。

乡土文化非遗档案的整理与展示工作是一项重要而艰巨的任务，需要充分发挥档案信息资源的作用。通过对这些档案进行系统整理和展示，我们可以深入挖掘和传承传统文化，激发人们对地方文化的兴趣和热爱。在整理过程中，我们可以利用先进的技术手段和方法，使这些珍贵的档案信息资源得以有效传播和利用，从而为社会公众提供更多便利和服务。

乡土文化非遗档案的展示也有助于增进人们对地方文化的认识和理解。通过展示这些档案，我们可以展示地方独特的风土人情和传统技艺，呈现出丰富多彩的文化遗产。这不仅可以促进文化的多元发展，还能够激发人们对传统文化的浓厚兴趣，推动乡土文化的传承和发展。

在整理和展示乡土文化非遗档案的过程中，我们应该注重与现代社会的结合，实现文化的传承与创新。通过将这些古老的档案信息资源与现代科技相结合，我们可以打破时空的界限，让传统文化焕发出新的活力和魅力。只有不断推动乡土文化的发展和繁荣，我们才能更好地传承和弘扬传统文化，让乡土文化走进现代社会，绽放出绚丽的文化光芒。

(二) 乡土古建筑档案信息整合

乡土古建筑档案信息整合是一项重要的工作，通过整合各种档案信息资源，可以更好地保护和传承乡土古建筑的文化遗产。这项工作需要对古建筑的历史、建筑结构、文化背景等信息进行深入的整合和挖掘，使其呈现出更加全面和准确的信息。通过整合档案信息资源，可以更好地了解乡土古建筑的价值和意义，为其保护和传承提供更有力的支持。同时，乡土古建筑档案信息整合也有助于推动相关研究和学术工作的开展，促进乡土文化的传播和发展。通过这样的工作，乡土古建筑的历史价值和文化内涵得以更好地展现，为当地文化传承和发展注入新的活力。

乡土古建筑档案信息整合的重要性不可忽视。只有通过深入挖掘和整合各种档案信息资源，我们才能更好地理解乡土古建筑的历史渊源、建筑风格以及文化内涵。这样的工作不仅可以为乡土古建筑的保护和传承提供有力支持，同时也有助于推动相关研究和学术工作的开展。

在乡土古建筑档案信息整合的过程中，我们可以更全面地认识乡土古建筑的价值和意义，这不仅可以帮助我们更好地保护这些宝贵的文化遗产，也有助于向公众传播乡土古建筑的历史和文化内涵。通过这样的工作，我们可以为乡土文化的传承和发展注入新的活力，让乡土古建筑在当地文化中发挥更加重要的作用。

乡土古建筑档案信息整合还有助于激发学术界对于乡土文化的研究热情，促进相关学术领域的发展。通过对乡土古建筑档案信息的整合和挖掘，我们可以更深入地探讨乡土文化的特点和魅力，为学术界提供丰富的研究素材，推动乡土文化的传播和发展。

总的来说，乡土古建筑档案信息整合是一项具有重要意义的工作，它不仅可以帮助我们更好地理解乡土古建筑的历史价值和文化内涵，也有助于推动相关研究和学术工作的发展，为乡土文化的传承和发展注入新的活力。通过这样的工作，我们可以更好地保护和传承乡土古建筑的丰富文化遗产，让其在当地文化中绽放出独特的光彩。

(三)乡土文学作品档案开发

乡土文学作品档案开发是指通过研究、整理和数字化乡土文学作品相关的档案信息资源,以便更好地保存和传承这些珍贵的文化遗产。这种开发工作不仅可以帮助人们更深入地了解乡土文学的历史背景、艺术特色和社会意义,还可以为相关研究人员提供更多的研究素材和参考资料。通过对乡土文学作品档案的开发,可以进一步推动乡土文学的研究与传播,促进文化交流与互动,为乡土文学在当代社会的传承与发展提供有力支持。

(四)地方文献档案数字化项目

地方文献档案数字化项目是档案信息资源开发的重要内容之一。通过对地方文献档案的数字化处理,可以有效保存和传承地方的文化遗产,促进地方文化的挖掘和传播。该项目不仅有助于提高档案信息资源的利用率,还可以为学术研究和文化交流提供更加便捷的资料支持。在数字化过程中,需要利用先进的技术手段对文献档案进行扫描、识别和整理,确保数字化成果的质量和完整性。通过地方文献档案数字化项目,可以有效推动档案信息资源的开发与利用,促进地方文化的传承和发展。

地方文献档案数字化项目的推进不仅是对历史文化遗产的珍视,更是对现代社会信息化发展的需求。通过数字化处理,可以将那些珍贵的文献档案永久保存在数字化平台上,不受时间和空间的限制,方便学者和研究人员的查阅和利用。数字化项目的展开也为广大民众提供了更多了解地方文化和历史的途径,促进了地方文化的传承和发展。

在数字化过程中,利用先进的技术手段对文献档案进行数字化处理至关重要。数字化档案不仅要求精准的扫描和识别技术,还需要对文献进行整理和分类,确保数字化成果的质量和完整性。只有保证了数字化档案的准确性和完整性,才能更好地发挥其在学术研究和文化传播中的作用。

地方文献档案数字化项目也为地方档案馆的建设和普及提供了重要支持。通过数字化项目的开展,地方档案馆不仅可以提高档案信息资源的利用率,还可以吸引更多公众参与到档案文化的传承和发展中来。数字化项目的推进,将进一步加强地方档案馆与社会大众的联系,促进地方文化的传承和创新。

总的来说,地方文献档案数字化项目的重要性不言而喻。通过数字化处理,可以将珍贵的地方文献档案永久保存下来,为后人留下宝贵的文化遗产。同时,数字化项目的开展也将促进地方文化的传承和发展,为社会文化的进步做出应有的贡献。

愿我们携手合作，共同推动地方文献档案数字化项目向更深层次发展，为地方文化的传承和创新贡献我们的力量。

(五) 地方档案信息资源与教育

地方档案信息资源与教育的联系存在于文化传承和教育教学的紧密关系中。地方档案信息资源作为历史的见证，承载着地方文化的传统和发展，为教育工作提供了珍贵的素材和资源。地方档案信息资源的开发与利用不仅可以丰富教学内容，还可以激发学生对地方文化的兴趣，促进其热爱家乡、传承文化的情感。通过探索地方档案信息资源的价值，有效地融入到教育教学中，不仅可以提高教学的专业性和趣味性，还能够促进学生的文化自信和文化认同，培养学生的地方情怀和责任感，从而推动地方文化的传承和发展。通过地方档案信息资源的挖掘与利用，教育工作者可以借助档案材料，让学生身临其境地感受历史的沧桑变迁，增强他们对文化传统的认知，激发学生的文化自觉和文化自信，培养他们对家乡的热爱和责任感。因此，地方档案信息资源在教育中的应用不仅有助于丰富教学内容，提高教学效果，还有助于培养学生的文化自觉和文化自信，形成人文关怀和社会责任感。

通过挖掘和利用地方档案信息资源，教育工作者可以激发学生的历史兴趣和文化认同，让他们更深入地了解和珍视自己的家乡文化。在教学过程中，教师可以利用档案资料帮助学生建立对于历史文化的情感联系，让他们体会到家乡文化的独特魅力和忠诚。这种教学方式不仅可以提高学生的学习兴趣和参与度，还可以促进他们的跨学科思维和创造性思维的发展。

当学生通过档案信息资源的探索与使用，深入了解家乡的历史文化和社会风貌时，他们将更加深刻地体会到文化传统的珍贵性和重要性。这样的教育方式不仅能够帮助学生建立对文化传统的尊重和保护意识，还能够激励他们积极参与到文化传承和发展中来。通过传承和弘扬地方文化，学生可以更好地培养起对于地方的热爱和责任感，形成一种积极向上的人文关怀和社会责任感。这种教育方式不仅有助于提高教学效果，还能够促进学生的全面发展和健康成长。

总的来说，在教育教学中充分挖掘和利用地方档案信息资源，不仅可以丰富教学内容，提高教学效果，还可以促进学生的文化自觉和自信，培养他们对家乡的热爱和责任感。这种教育方式将为学生的成长和发展提供更广阔的空间和更深厚的根基，让他们在知识学习的同时，更好地理解和珍视自己的文化传统，为传承和发展地方文化做出积极的贡献。通过这样的教学方式，我们可以更好地培养出具有深厚文化底蕴和广阔国际视野的优秀人才，为社会的进步和发展注入新的活力和动力。

四、档案信息资源对旅游业的影响

（一）档案信息资源的文化旅游价值

档案信息资源的文化旅游价值体现在对地方文化的保护和传承上，通过挖掘和利用档案信息资源，可以更好地展示当地特色和历史传统，吸引游客了解和体验当地文化。同时，档案信息资源也可以为文化旅游提供丰富多样的参考资料，帮助游客更深入地了解目的地的历史和文化。在开发文化旅游产品和线路时，档案信息资源的应用可以为旅游行业带来新的发展机遇，提升游客的旅游体验和文化满足感。通过合理开发和利用档案信息资源，可以促进文化旅游业的可持续发展，实现旅游业与文化产业的良性互动和共同繁荣。

（二）档案资源开发与地方旅游相结合

档案资源开发与地方旅游相结合，对于地方文化的传承与挖掘具有重要意义。通过挖掘和利用档案信息资源，可以为地方文化的传承和发展提供有力支撑。同时，将档案信息资源与地方旅游相结合，可以为地方经济发展带来新的动力和活力。档案资源中蕴含着丰富的历史文化信息，通过对档案信息资源的开发和利用，可以丰富地方旅游产品的内容，吸引更多游客前来游览。通过挖掘档案信息资源，可以挖掘出更多的地方文化元素，为地方旅游业提供更丰富多样的文化体验。档案资源开发与地方旅游相结合，不仅可以促进地方经济的发展，还可以推动地方文化的传承和发展，实现经济效益和社会效益的双赢。

档案资源开发与地方旅游相结合，不仅可以为地方文化的传承和发展提供有力支撑，还可以促进地方经济的繁荣。通过深入挖掘和利用档案信息资源，可以为地方旅游产品的丰富度和吸引力提供强大支持。历史悠久的档案资源蕴含着丰富的文化底蕴，可以为地方旅游业注入新的活力和创意。这些档案信息资源不仅可以为游客提供更加深入和全面的文化体验，同时也可以为地方企业开发出更加独特的旅游产品，并提升服务质量和水平。

将档案资源与地方旅游相结合，还可以刺激地方经济的发展。通过对档案信息资源的开发利用，可以为当地创造更多的就业机会，推动当地旅游业的发展，增加地方居民的收入来源。同时，档案信息资源的挖掘还可以促进当地产业升级和转型，推动地方经济结构的优化和升级。重点发展地方旅游业，不仅可以带动其他相关产业的发展，还可以促进地方文化产业的繁荣，实现经济效益和社会效益的双赢局面。

最重要的是，档案资源开发与地方旅游相结合，可以激发当地居民对自身文化的自豪感和认同感，增强地方文化的传承与发展意识。让档案信息资源走出阴暗的储藏室，走进人们的视野和生活，让更多的人了解、关注和热爱当地文化，实现文化传统的持续传承和发展。地方档案资源的开发与地方旅游的结合，不仅可以为地方经济发展注入新的动力，还可以为当地文化传承注入新的活力，实现经济、文化和社会的全面发展。

（三）旅游文献档案资源整合

旅游文献档案资源整合是指利用档案信息资源为旅游业提供支持和服务。通过整合旅游相关的文献档案资料，可以为旅游行业提供更全面、准确和权威的信息支持，有助于旅游目的地的宣传推广和市场开发。通过整合文献档案资源，旅游从业者可以更好地了解目的地的历史文化、自然资源和旅游景点，为旅游产品的开发和设计提供参考和灵感。同时，整合文献档案资源还可以为旅游研究提供丰富的资料来源，促进旅游学科的发展和研究成果的产出。旅游文献档案资源整合的意义和作用在于通过充分利用档案信息资源，为旅游业的可持续发展提供有力支持，推动旅游业的转型升级和创新发展。

（四）城市历史档案开发与旅游示范

档案信息资源的开发与利用是当今信息化社会中不可或缺的重要环节。通过对电子档案信息资源的案例分析，我们可以发现其中蕴含着巨大的潜力和价值。同时，除了电子档案外，纸质档案也是我们重点关注的对象之一。通过对纸质档案信息资源的开发研究，我们可以进一步挖掘其中蕴藏的宝贵资料，为数字化项目的实施提供重要支持。档案信息资源的开发与地方文化挖掘也是我们关注的焦点之一。通过深入挖掘和研究档案信息资源，我们可以更好地了解地方文化的独特魅力，从而为旅游业的发展提供新的思路和支持。城市历史档案的开发与旅游示范，不仅可以丰富城市的历史文化内涵，也可以为城市的旅游产业注入新的活力和动力，促进城市的可持续发展。

五、地方档案信息资源开发的社会影响

（一）地值档案信息资源对当地社会的影响

地方档案信息资源对当地社会的影响，是一个备受关注的议题。通过深入挖掘档案信息资源，可以发现其中蕴藏着丰富的历史、文化、经济等信息，对于当地社会的发展具有重要意义。地方档案信息资源的开发不仅可以帮助人们更好地了解当

地的历史渊源和文化传承，同时也对提升当地社会的文化软实力起到积极作用。

通过对地方档案信息资源的充分开发，可以促进当地的文化挖掘和传承工作。这些档案信息资源中所蕴含的历史故事、传统技艺、民俗风情等，不仅可以激发人们对当地文化的热爱和自豪感，也有助于传承和弘扬优秀的传统文化，从而增强当地社会的凝聚力和认同感。同时，地方档案信息资源的挖掘还可以为当地旅游业的发展提供重要支撑，吸引更多游客前来探寻历史文化的魅力，促进当地旅游业的繁荣和经济的持续增长。

地方档案信息资源的开发还可以对当地社会的创新发展起到积极的推动作用。通过挖掘档案信息资源中蕴含的宝贵知识和经验，可以为当地经济、科技、教育等领域的发展提供有益借鉴，促进社会的不断进步和发展。同时，地方档案信息资源的开发还可以为学术研究提供重要依据和支持，推动相关学科领域的发展和繁荣，为当地社会的智力资源建设和学术水平提升做出贡献。

总的来看，地方档案信息资源对当地社会的影响是多方面的，不仅有助于文化传承和社会凝聚，也能促进经济发展和学术研究的进步，为当地社会的发展注入新的活力和动力。因此，加强地方档案信息资源的开发和利用是当前亟需重视的工作，也是推动当地社会发展的重要举措。

地方档案信息资源的开发对当地社会的影响不仅体现在文化传承和社会凝聚上，更重要的是可以为当地经济和科技的创新发展提供力量。通过深入挖掘档案信息资源所蕴含的丰富经验和知识，可以为当地产业的升级和转型提供新的思路和方向。同时，这些宝贵的档案信息还有助于教育领域的改革和提升，为培养具有创新精神和实践能力的人才提供了新的素材和资源。

除此之外，地方档案信息资源的开发还可以为社会治理提供重要支持。通过对历史数据和政策文献的深入研究，可以更好地理解当地社会的发展轨迹和规律，为政府决策和社会管理提供科学依据。档案信息资源的开发还可以促进社会的文明进步和道德建设，引导人们传承和弘扬优秀传统文化，培养社会主义核心价值观，促进社会和谐与稳定的发展。

总的来看，地方档案信息资源的开发不仅可以丰富当地社会的文化底蕴和历史记忆，更重要的是可以推动当地社会各个领域的发展和进步。只有不断发掘和利用这些宝贵的档案信息资源，才能为当地社会的繁荣和发展注入新的动力和活力，实现经济、社会、文化等各方面的全面提升和发展。因此，加强地方档案信息资源的挖掘和利用工作，是当前当地社会发展的迫切需求，也是促进全面建设社会主义现代化国家的重要举措。

(二) 地方档案信息资源开发与社会发展

地方档案信息资源开发与社会发展，是当前档案管理领域的重要课题之一。通过挖掘地方档案信息资源，可以促进地方文化的传承和发展，推动当地社会经济的发展。地方档案信息资源开发可以帮助我们了解地方的历史、文化、经济和社会变迁，为地方政府制定政策提供重要参考依据。地方档案信息资源的开发还可以为学术研究和教育教学提供丰富的素材，推动地方文化的挖掘和保护工作。通过对地方档案信息资源的系统整理和利用，可以为地方社会的可持续发展提供有力支撑，对促进地方经济的繁荣和社会的和谐稳定起到积极作用。因此，地方档案信息资源开发与社会发展是一项具有重要意义和深远影响的工作，需要我们不断努力和探索。

(三) 地方档案资源开发的社会效益

地方档案资源开发的社会效益是指利用本地区档案资源进行开发和利用，从而为社会带来积极的影响和效益。这种开发不仅可以帮助人们更深入地了解和认识当地的历史文化，促进地方文化的传承和发展，还可以为社会提供各种重要的信息资源，推动社会经济的发展和进步。同时，地方档案资源开发还可以为学术研究和科学创新提供重要的支持，并且有助于弘扬国家和民族的优秀传统文化，提升社会文明程度和文化软实力。

通过地方档案资源的开发和利用，可以促进地方文化的挖掘和传承，激发人们对地方历史和文化的兴趣，增强地方文化的自信心和认同感，进而推动地方文化的传统保护和创新发展。同时，地方档案资源的开发也可以为地方政府和企业提供重要的政策支持和决策依据，为地方经济社会的可持续发展和优质发展提供有力保障。

总的来说，地方档案资源的开发和利用对于地方社会的文化建设、经济发展、社会进步等方面都具有重要的意义和作用。地方档案资源的开发不仅可以为地方社会带来实在的经济效益和社会效益，更可以为推动地方社会文明进步和综合实力提升做出重要贡献。因此，地方档案资源的开发应当得到高度重视和支持，为地方社会的可持续发展提供坚实基础和强大动力。

(四) 地方档案信息资源推动区域经济发展

地方档案信息资源的开发对于促进区域经济发展起到了重要作用。通过挖掘和利用地方档案信息资源，可以有效地推动当地经济的发展。地方档案记录了当地的历史、文化、社会、经济等方面的信息，可以为区域经济的发展提供宝贵的参考和支持。利用地方档案信息资源，可以更好地了解当地的产业结构、经济发展状况、市场需求等,从而为地方经济的发展制定合理的发展战略和政策提供依据。

同时,地方档案信息资源的开发也能够促进当地的文化和旅游产业发展。通过挖掘和展示地方档案中具有代表性和价值的文化遗产,可以吸引更多游客和投资者,推动当地旅游业和文化产业的发展。地方档案中记录了当地的历史文化、传统习俗等丰富的资源,可以为当地文化和旅游产业的发展提供重要支撑。

总的来说,地方档案信息资源的开发不仅是简单的信息整理和存储,更重要的是通过对这些信息资源的开发和利用,推动当地经济、文化、旅游等多个方面的发展,为区域经济的繁荣和可持续发展提供有力支持和保障。

第四节　档案信息资源开发与文化传承

一、民族文化档案资源的开发

(一)民族传统音乐档案资源整理

在民族传统音乐档案资源整理方面,我们需要认真对待这一重要的任务。民族传统音乐是我们民族文化的瑰宝,它承载着丰富的历史和文化内涵。通过对民族传统音乐档案资源的整理工作,可以有效地保护和传承这一宝贵的文化遗产。整理工作不仅包括对现有档案资源的数字化处理,还需要对档案的内容进行分类、整理和归档,以便更好地保存和利用这些资源。通过整理工作,我们可以更好地了解和传承民族传统音乐的精髓和魅力,让更多的人能够欣赏和领略到这一宝贵的文化遗产。整理工作的开展不仅可以促进传统音乐的传承和发展,也可以促进当地文化的繁荣和发展,为我们的民族文化保护和传承作出积极的贡献。

(二)民族传统戏剧档案信息开发

民族传统戏剧档案信息的开发是一项至关重要的工作。通过对传统戏剧档案信息资源的整理、数字化和利用,可以有效促进民族文化的传承和发展。这种开发不仅可以让更多人了解和认识传统戏剧,还可以为相关研究提供丰富的资料和参考。同时,民族传统戏剧档案信息的开发也能够激发社会对传统文化的兴趣,促进人们对传统艺术的重视和保护。

在进行民族传统戏剧档案信息开发的过程中,需要整合各类档案资源,包括文字资料、图片、音视频资料等,以便更全面地展现传统戏剧的历史、演变和特点。通过数字化技术,可以将这些档案信息转化为电子版本,实现信息的快速检索和传播。同时，结合互联网和新媒体平台，还可以将民族传统戏剧档案信息推广给更广泛的受众，促进传统文化的传播和传承。

民族传统戏剧档案信息的开发工作还需要与相关机构和专家进行合作，共同推动传统文化的挖掘和保护。只有通过众多人的共同努力，才能实现民族传统戏剧档案信息的全面开发和利用。希望未来能有更多的研究和实践工作，为民族传统戏剧档案信息的开发做出更大的贡献，促进我国传统文化的繁荣与发展。

（三）民族舞蹈档案保护与传承

在民族舞蹈档案保护与传承方面，我们可以看到越来越多的机构和团体开始关注和重视民族文化的传承和保护工作。通过对民族舞蹈档案资源进行挖掘和整理，可以使这些文化遗产得到有效保护，并为后人传承。同时，将这些档案资源数字化，可以更好地保存和利用这些宝贵的历史文化资料，使之不会因时间的流逝而逐渐消失。民族舞蹈档案的保护与传承不仅是文化传统的延续，更是对民族文化价值的体现和尊重。只有通过不懈的努力和持续的关注，才能实现对民族舞蹈文化的有效保护和传承，让这些珍贵的文化遗产永远流传下去。

（四）民族文学作品档案整理与展示

在民族文学作品档案整理与展示方面，研究者们通过对民族文学作品相关档案的搜集、整理和展示，促进了民族文学作品的传承与发展。他们将传统的民族文学作品档案数字化，利用现代科技手段存储和展示，使得这些珍贵的文化遗产得以永久保存，并得到更广泛的传播。在这一过程中，研究者们不仅是档案记录与整理的工作者，更是对民族文学作品深入研究的学者，通过对作品背后的历史、文化背景进行深入探讨，为民族文学作品的研究提供了更加深入的视角。

同时，民族文学作品档案整理与展示的过程也引起了社会各界的关注。人们通过对这些民族文学作品的档案整理和展示，更加了解和重视民族文学作品在文化传承中的重要作用，这也促进了民族文学作品在当代文化领域的发展。民族文学作品档案的整理与展示不仅是对文学遗产的守护，更是对民族文化的传承与弘扬，为当前民族文学事业的繁荣做出了积极的贡献。

（五）民族服饰档案信息开发

在民族服饰档案信息开发领域，研究人员通过对传统服饰的档案信息进行搜集整理和数字化处理，探索民族服饰的演变历史和文化内涵。这一过程不仅促进了传统服饰文化的传承和弘扬，也为当代设计师提供了丰富的灵感和创意来源。同时，民族服饰档案信息的开发还可以拓展民俗学、文化学等学科研究的视野，促进学术交流和跨学科合作。通过对民族服饰档案信息的深入挖掘和研究，可以更好地理解和把握传统文化的精髓，推动文化传统的传承与发展，为构建多元文化社会做出积极贡献。

在民族服饰档案信息开发领域，研究人员在对传统服饰的档案信息进行搜集整理和数字化处理的过程中，不仅能够揭示民族服饰的演变历史和文化内涵，还可以为当代设计师提供丰富的灵感和创意来源。通过对民族服饰的深入研究，我们可以发现每一种服饰背后蕴含着丰富的文化意义和价值观念，而这些传统文化的元素在当下的设计中得以传承和发展。

随着社会的不断发展和多元文化的交流，民族服饰的档案信息开发还可以拓展民俗学、文化学等学科的研究视野，促进学术交流和跨学科合作。通过跨领域的合作，我们能够更好地理解和把握传统文化的精髓，促进文化传统的传承与发展。这种跨学科的合作不仅可以让我们更全面地认识民族服饰的文化意义，还能够为构建多元文化社会做出积极的贡献。

在当下，人们对传统文化的关注度与日俱增，传统民族服饰的价值也逐渐得到了重新认可。通过对民族服饰档案信息的深入挖掘和研究，我们能够挖掘出更多珍贵的文化遗产，使这些传统文化得以传承和弘扬。同时，这种研究也能够激发人们对于文化传统的热爱，让更多的人参与到传统文化的传承中来。

总的来说，民族服饰档案信息的开发不仅对传统文化的传承和发展起到了促进作用，同时也为当代社会的多元文化建设提供了有益的支持。通过持续的研究和探索，我们能够更好地理解和感受传统文化的魅力，让这些文化传统在当代社会中绽放出更加耀眼的光芒。

二、民间传统技艺档案资源的利用

（一）传统手工艺档案信息整理

对于传统手工艺档案信息整理，重要的是将传统技艺的历史、工艺、技术、文化价值等信息进行系统整理和归档。这样的整理工作有助于保护和传承传统手工艺，使其更好地融入现代社会，并为后人研究和学习提供参考。传统手工艺的档案信息整理工作，旨在通过梳理和整理相关文献资料、工艺图纸、研究报告等信息，建立完整的档案数据库，为传统手工艺的保护、发展和创新提供依据。在这一过程中，需要精心设计档案信息的分类体系和数字化处理方法，确保档案信息的准确性、完整性和便捷性。通过系统整理和归档，传统手工艺的档案信息得以充分展现，为相关研究者和爱好者提供宝贵的研究资源和学习素材。传统手工艺档案信息整理工作不仅有助于传承和弘扬传统文化，也有利于推动当地文化产业的发展和创新，为传统手工艺注入新的活力和生机。

(二) 民间医药档案资源传承

民间医药档案资源传承是近年来备受关注的一个领域，通过对民间医药传统知识的整理和收集，可以为后人留下宝贵的文化遗产。在档案信息资源开发的过程中，民间医药档案资源的传承显得尤为重要。通过数字化技术和现代化手段，可以将民间医药传统知识进行保存和传承，使其不至于随着时间的推移而逐渐消失。民间医药档案资源的传承不仅可以帮助人们更好地了解我国传统医药的历史渊源，还可以为当代医药学的发展提供宝贵的经验和启示。通过对民间医药档案资源的挖掘和利用，可以促进我国医药文化的传承和发展，为医学研究和临床实践提供新的思路和方法。在未来的工作中，我们将继续深入挖掘民间医药档案资源，推动这一宝贵的文化遗产得到更加广泛和深入的传承，为我国传统医药文化的研究和发展做出更大的贡献。

(三) 民俗美术作品档案开发

民俗美术作品档案开发是档案信息资源开发的重要方向之一，通过对民间传统技艺和民俗艺术作品的收集、整理和数字化，可以更好地保护和传承这些珍贵的文化遗产。通过对民俗美术作品档案的开发，我们不仅可以更深入地了解民间艺术家的创作过程和心路历程，也可以挖掘出隐藏在作品背后的文化内涵和历史价值。同时，这些档案还可以为相关研究提供重要的资料和参考依据，拓展学术领域的研究范围，促进学术成果的创新与发展。

在民俗美术作品档案开发过程中，需要进行大量的调研和整理工作，包括对作品的背景资料、作者信息、创作动机和风格特点等方面进行详细记录和分类。通过建立数字化档案数据库，可以更便捷地管理和检索这些信息资源，方便学者和研究人员的使用和查询。还可以通过展览、出版等形式将这些档案信息资源向公众开放，让更多人了解和欣赏民俗美术作品的魅力，促进民间艺术的传统传承和创新发展。

通过民俗美术作品档案开发，我们可以更好地保护和传承民间传统文化，激发人们对传统艺术的热爱和认同，促进文化多样性的交流与共享。档案信息资源开发不仅是对过去的尊重和珍视，更是对未来的启示和引领。希望通过我们的努力和探索，可以为民俗美术作品的保护与传承做出更大的贡献，让这些珍贵的文化遗产得到更好地传承和发展。

通过数字化档案数据库的建立，我们可以深入挖掘民俗美术作品的内涵和历史背景，为学者和研究人员提供更全面、准确的资料支持。这种信息的开发和传播不仅可以促进学术研究的深入，还可以为民俗美术作品的保护和传承提供有力的支撑。展览和出版是展示民俗美术作品魅力的重要途径，它可以让更多人了解和欣赏到这些珍贵的作品，同时也为民间艺术的传统传承和创新发展注入新的动力。通过档案信息资源的更新和完善，我们可以确保民俗美术作品得到更好地保护和传承，让传统文化在当代社会中焕发新的生机和活力。

民俗美术作品的档案开发不仅是对历史的追溯，更是对传统文化的传承和弘扬。我们希望通过这种形式的努力，让民俗美术作品走进更多人的生活，成为人们心中的珍贵文化遗产。只有不断完善档案信息资源，扩大作品的传播范围，我们才能够实现对民俗美术的全面保护和发展，让这些宝贵的文化传统代相传。愿我们的努力成果能够为文化多样性的促进和传承做出更大的贡献，让世界各地的民俗艺术在共同的努力下得到更好的传承和发展。

三、民间传统文化档案与当代艺术结合

（一）民间传统文化档案艺术展示

民间传统文化档案艺术展示，是一种极具文化价值的展示形式。通过展示传统文化档案，可以将古老的传统文化传承下来，使之在当代艺术中得以体现。这种展示方式不仅具有历史意义，更是对传统文化的尊重与弘扬。展示民间传统文化档案艺术，可以激发人们对传统文化的兴趣，促进文化传承与创新。展示过程中，通过艺术形式对传统文化进行诠释与再现，使人们更加深入地了解传统文化的内涵与价值。通过这种方式，传统文化得以传承并延续，同时也为当代艺术注入了新的灵感与活力。展示民间传统文化档案艺术，是一种文化传统的延续与创新，是对传统文化的尊重与弘扬，也是为当代艺术注入新的活力与灵感。

民间传统文化档案艺术展示是一种极具魅力的方式，它能够以独特的艺术形式展现传统文化的传承与创新。在展示过程中，艺术家们通过对传统文化的诠释与再现，让观众更加深入地了解传统文化的丰富内涵和深厚价值。这种展示不仅令人们对传统文化产生浓厚兴趣，更能促进文化传承和创新的融合。

展示民间传统文化档案艺术的过程中，经常会有一些经典故事、传统手工艺和民俗活动被重新呈现在观众面前。这些展示既是对传统文化的尊重和弘扬，也是对当代艺术的注入新活力和灵感。通过展示，传统文化得以传承与延续，同时也为当代艺术注入了源不断的创造力和想象力。

民间传统文化的展示不仅是一种艺术形式,更是一种文化传统的延续与创新。这种展示方式在促进文化多样性的同时,也为传统文化的传承提供了新的路径和可能。展示民间传统文化档案艺术,是对传统文化的赞颂与传承,同时也为当代艺术的发展带来了新的动力与灵感。通过展示,传统文化在当代社会里得以重新焕发生机,展现出更加丰富多彩的魅力。

(二)民间传统文化档案艺术创作

民间传统文化档案艺术创作旨在通过对民间传统文化档案的挖掘和利用,结合当代艺术表现方式,创作出具有传统文化特色和当代艺术风格的作品。这种创作方式既能传承和弘扬传统文化,又能与时俱进,使传统文化焕发出新的活力和魅力。通过对民间传统文化档案中的元素、主题、符号等进行分析和提炼,艺术家们可以打造出具有独特文化内涵和审美价值的艺术作品。这种创作方式不仅能够满足当代人对文化内涵和情感共鸣的需求,同时也能够为传统文化的传承和发展注入新的动力和活力。通过民间传统文化档案艺术创作,人们可以更加深入地了解和感受传统文化的魅力,同时也可以体验到当代艺术带来的视觉和思想冲击。这种结合传统文化与当代艺术的创作方式,既能够弘扬传统文化,又能够推动艺术的创新和发展,为文化传承和艺术创作提供了全新的路径和可能性。

民间传统文化档案艺术创作为一种融合了传统和现代元素的创作方式,不仅可以激发艺术家们对传统文化的创作灵感,同时也为当代艺术注入了新的活力与创新。艺术家们在创作过程中,通过对民间传统文化档案中的元素进行深入挖掘和提炼,从中汲取灵感,创作出富有文化内涵和审美价值的艺术作品。这些作品既承载着传统文化的传承与弘扬,也融合了当代艺术的审美观念和风格,呈现出独特的艺术魅力。

通过民间传统文化档案艺术创作,艺术家们能够为传统文化赋予新的生命力和时代价值,使之与当代社会相互交融、共生共荣。这种创作方式不仅能够满足当代人对文化内涵和情感共鸣的需求,同时也为传统文化的传承和发展注入新的动力和活力。作品中融入的传统元素不仅能够唤起人们对传统文化的记忆和情感,还能够引领他们进入一个全新的审美境界,感受文化的魅力与力量。

民间传统文化档案艺术创作不仅可以带给人们对传统文化的深刻体验和感受,同时也能够开拓他们对当代艺术的视野和理解。艺术家们将传统文化与当代艺术融合在一起,不断探索新的创作方式与表现形式,为文化传承和艺术创作带来新的可能性。这种结合传统文化与当代艺术的创作方式,既能够弘扬传统文化,又能够推动艺术的创新和发展,为文化传承和艺术创作注入了新的活力与创意。通过民间传统文化档案艺术创作，人们不仅可以更加深入地了解和感受传统文化的魅力，也可以感受到当代艺术所带来的视觉和思想的冲击，从而获得一种全新的审美体验和文化感悟。

(三) 民间传统文化档案与现代生活结合

近年来，随着社会的不断发展和进步，民间传统文化档案作为珍贵的文化遗产受到越来越多人的关注。传统文化具有丰富的历史内涵和独特的艺术表现形式，是中华民族宝贵的文化财富。而在当代社会，人们的生活方式和审美需求也在不断发生变化，如何将传统文化档案与现代生活结合起来，成为一个新的研究课题。通过对民间传统文化档案的挖掘和整理，可以让这些传统文化更好地走进现代人们的生活，激发人们对传统文化的兴趣和热爱。通过将传统文化元素融入当代艺术创作中，可以创造出更具现代感和时尚感的作品，引领传统文化走向现代化。同时，民间传统文化档案也可以为现代人们提供更多的文化元素和精神养分，丰富人们的文化生活，促进文化传承和文化交流。传统文化与现代生活的结合，不仅可以使传统文化焕发新的生机和活力，还可以为当代社会提供更多的文化资源，推动文化事业的繁荣发展。

(四) 民间传统文化档案与当代文艺融合

民间传统文化档案与当代文艺融合，是一种跨时代的文化交融现象。在当今社会，随着传统文化的重要性逐渐被重新认识和重视，民间传统文化档案的价值也逐渐被发掘和挖掘。通过将民间传统文化档案与当代艺术相结合，可以实现文化的传承和创新，实现传统文化与现代艺术之间的无缝连接。这种融合不仅可以激发人们对传统文化的兴趣和热爱，同时也可以为当代文艺的发展带来新的灵感和活力。通过将传统文化的魅力融入到现代艺术作品中，可以打破时空的界限，让传统文化焕发出新的生机与活力。民间传统文化档案不仅是一种文化资源的保存和传承，更是一种文化创意的源泉与灵感。通过将民间传统文化档案与当代文艺相融合，可以有效地推动文化的发展与繁荣，为社会带来更多文化的魅力和魅力。

(五) 民间传统文化档案与现代传媒结合

在当今社会，民间传统文化档案与现代传媒的结合已经成为一种趋势。通过将传统文化档案数字化、网络化，结合现代传媒平台进行传播，可以更好地传承和弘扬民间传统文化。这种结合不仅可以使传统文化更具时代感和亲和力，也可以让更多的人通过现代传媒平台了解和参与其中。民间传统文化是每个民族的文化基因，是一个国家、一个民族的独特财富，通过与现代传媒结合，可以更好地发挥传统文化的影响力和感染力。这种结合不仅可以为传统文化注入新的活力和生机，也可以为现代传媒注入更多的文化内涵和魅力。通过民间传统文化档案与现代传媒的结合，我们可以更好地传承和弘扬传统文化，为文化传统的发展注入新的动力和活力。

在当今社会，民间传统文化档案与现代传媒的结合不仅可以促进传统文化的传承和弘扬，更可以为现代传媒带来更多的文化底蕴和魅力。通过数字化和网络化的手段，民间传统文化可以在现代传媒平台上得到更为广泛的传播，让更多的人了解和参与其中。这种结合让传统文化更具时代感和亲和力，同时也为现代传媒注入新的文化元素和创意。传统文化是一个国家、一个民族的独特财富，是文化的灵魂和根基，而现代传媒作为信息传播的重要工具，正是传承和弘扬传统文化的有力平台。民间传统文化档案与现代传媒的结合，让传统文化焕发出新的活力和生机，为文化传统的发展注入新的动力。随着社会的不断发展和进步，这种结合将成为文化传承和发展的重要途径，为文化创意产业的繁荣注入新的动力。通过不断探索和创新，我们可以让民间传统文化在现代传媒的舞台上闪耀出更加绚丽的光芒，让更多的人感受到传统文化的魅力和魂魄。传统与现代的结合，传承与创新的碰撞，必将为文化事业的蓬勃发展带来更加辉煌的未来。

第五章　档案信息资源开发与利用的政策建议

第一节　制定档案信息资源开发和利用的政策

一、分析目前档案信息资源开发和利用存在的问题

(一) 现有政策的不足之处

目前档案信息资源开发和利用方面存在不足，主要表现在政策的制定和执行上。现有政策对档案信息资源的开发和利用并未给予足够的重视，导致相关工作缺乏明确的指导和规范。尤其是在档案信息资源的整理、分类、保存和利用方面，政策缺乏具体细化的措施，致使部分档案信息资源得不到合理的整理和充分利用。政策在档案信息资源利用的监督和评估方面存在不足，未能建立有效的监督机制和评估标准，难以真正推动档案信息资源的有效利用。总体来看，现有政策对档案信息资源的开发和利用缺乏针对性和前瞻性，需要进一步完善和加强相关政策措施。

(二) 社会需求与档案信息资源开发和利用之间的脱节

在当前时代背景下，社会对档案信息资源的需求日益增加，而档案信息资源的开发和利用却存在着一定的脱节现象。这种脱节主要表现在政策层面制定不够及时和完善，导致档案信息资源的开发与利用相对滞后。同时，现有档案资源开发和利用的技术水平和管理水平也存在一定的不足，无法满足社会不断增长的需求。档案信息资源的推广和利用渠道有限，使得社会大众难以获取和利用这些宝贵资源。

当前档案信息资源开发和利用存在着政策支持不足、技术水平不高、管理水平不够等问题。政策制定方面，应该针对档案信息资源特点出台更多的支持政策，加大力度支持档案信息资源的开发和利用。技术水平方面，需要不断加大对档案信息资源的技术研究和创新力度，提升档案资源的数字化水平和智能化管理水平。管理方面，需要建立更加科学的档案管理体系，完善信息资源的分类储存和检索机制，提高档案信息资源的利用率和服务效率。

在社会需求与档案信息资源开发和利用之间的脱节问题上，需要加强政府对档案信息资源的管理和支持，促进档案信息资源的全面开发和利用。同时，还需要加

强对档案信息资源的宣传推广工作，拓宽资源利用的渠道，提高社会大众对档案信息资源的认知和利用意识。只有政府、企业、社会各方共同努力，才能实现档案信息资源的有效开发与利用，推动社会信息化建设迈上新台阶。

（三）需要改进的管理机制

需要改进的管理机制包括信息共享机制不够完善、数据开放不够及时与全面、档案管理人员专业知识不足、缺乏全面的档案信息资源开发和利用意识等问题。为了实现更好地开发和利用档案信息资源，需要建立完善的信息共享机制，加强档案数据的开放和分享，提高档案管理人员的专业素养和技能。同时，还需要加强对档案信息资源开发和利用的监督与评估，建立健全的档案信息资源管理制度和标准，确保档案信息资源的有效开发和利用。

二、设定档案信息资源开发和利用的战略目标

（一）确定档案信息资源开发的重点方向

在确定档案信息资源开发的重点方向上，我们需要明确当前档案信息资源开发的现状和需求，结合国家政策和发展趋势，制定具体的发展策略和举措。重点方向应当围绕提高档案信息资源利用效率、促进数字化档案资源建设、加强档案信息资源开放共享、推动档案信息资源跨部门共享利用、加强档案信息资源的保护与安全等方面展开，以实现档案信息资源开发的战略目标。还应关注档案信息资源的价值挖掘和创新利用，推动档案信息资源行业的规范化发展和品质提升，为我国档案事业的长远发展贡献力量。

（二）制定具体的发展规划

针对档案信息资源开发和利用的政策建议，我们将制定一系列具体的发展规划。我们要加强档案信息资源的数字化建设，优化档案管理系统，提高信息资源的开放共享度；要建立完善的档案信息资源分类标准和检索体系，便于用户快速有效地获取所需信息；第三，要完善档案信息资源的保护机制，确保信息安全和隐私保护；第四，要加强档案信息资源的利用推广，积极开展相关培训和宣传活动，提升信息资源利用的水平和效益。通过这些具体的发展规划，我们将推动档案信息资源的开发和利用工作取得更大的成效，为社会信息化建设和知识传承贡献力量。

（三）完善相关的政策法规

当前，档案信息资源的开发和利用已成为社会发展的重要支撑，为了更好地推动档案信息资源的开发和利用工作，制定相关政策是必不可少的。政策的制定需要明确档案信息资源的保护、整理、利用等各项内容，同时也要兼顾法规的完善，以确保政策的落地和执行效果。在政策制定过程中，应当结合实际情况，科学规划档案信息资源的开发和利用战略目标，明确政府、企业、社会各方责任，推动档案信息资源的有序开发和充分利用。

为了更好地制定档案信息资源的开发和利用政策，各级政府应该制定相关支持政策，加大对档案信息资源的保护和整理力度，同时完善相关政策法规，为档案信息资源的开发和利用提供更有力的法律支持。同时，还应设立专门机构，加强档案信息资源的管理和监督，建立健全档案信息资源的管理体系和标准，确保档案信息资源的安全、有效利用。

在档案信息资源开发和利用的战略目标设定上，应结合档案信息资源的特点和需求，科学制定发展规划和目标，指导和规范档案信息资源的开发和利用方向，提高档案信息资源的利用效率和水平。同时，还应加强档案信息资源的数字化建设，推动档案信息资源的信息化管理和利用，提升档案信息资源的服务水平和价值。

总的来说，完善相关的政策法规是推动档案信息资源开发和利用工作的重要保障。政府、企业、社会各方应共同努力，加大力度推动档案信息资源的开发和利用，为档案事业的发展做出贡献。希望通过政策的制定和完善，能够更好地推动档案信息资源的开发和利用，实现档案信息资源的全面发展和利用。

在完善相关的政策法规的基础上，我们还需要注重培养和引导档案信息资源开发和利用的专业人才队伍，提升他们的综合素质和专业水平。还需要积极倡导并推广档案信息资源的共享和开放，促进档案信息资源之间的互通互联，实现资源优势互补，推动档案信息资源的共同发展。同时，我们也应加强档案信息资源开发和利用的技术研究和创新，不断引入先进技术和理念，提高档案信息资源的管理和利用效率。

应该注重加强档案信息资源的安全保障工作，建立健全档案信息资源的安全管理体系，确保档案信息资源的完整性和可靠性。还应关注档案信息资源的质量控制，加强档案信息资源的标准化建设，提高档案信息资源的质量和准确性。同时，还应建立健全档案信息资源的监督和评估机制，及时发现和解决存在的问题，促进档案信息资源的持续改进和发展。

要加强档案信息资源的宣传和推广工作，提高社会对档案信息资源的认识和重视程度，促进更广泛的参与和支持。只有全社会共同努力，才能推动档案信息资源的全面发展和利用，为提升档案事业的地位和作用做出应有的贡献。愿我们能够不断完善政策法规，推动档案信息资源的开发和利用工作，让档案信息资源真正发挥出其应有的作用和价值。

(四) 推动档案信息资源开发和利用的国际化合作

要加强档案信息资源的开发和利用，需要推动国际化合作。这意味着与国际组织、外国政府和机构建立合作关系，共同开发和利用档案信息资源。通过国际化合作，可以吸取其他国家的经验和教训，推动本国档案信息资源的发展。同时，国际化合作可以拓展档案信息资源的国际市场，提高档案信息资源的国际竞争力。只有通过国际化合作，才能更好地开发和利用档案信息资源，促进档案事业的发展。

三、建立档案信息资源开发和利用的评估体系

(一) 设计科学合理的评估指标

针对档案信息资源开发与利用，我们需要制定一系列的政策措施来推动其发展。我们应该建立健全的档案信息资源开发和利用的政策法规体系，明确相应的政策支持和监管措施。我们需要建立档案信息资源的统一管理和共享平台，促进信息资源的互通共享。同时，我们应注重培养和引进专业人才，提升档案信息资源的开发和利用水平。我们还需加强档案信息资源的保护和利用，确保其长期可持续发展。在评估方面，我们应设计科学合理的评估指标，包括档案信息资源的数量、质量、利用率等方面，以确保评估结果客观准确。通过以上政策和评估措施的实施，可以有效推动档案信息资源的开发与利用，促进信息资源的有效管理和利用，为社会发展提供有力支撑。

(二) 开展档案信息资源利用效益评估

针对档案信息资源的开发与利用，我们应该制定一系列政策措施，以促进档案信息资源的充分利用和发展。通过建立完善的档案信息资源的发展和利用政策，不断提升档案信息资源的开发水平和利用效益。同时，建立档案信息资源的评估体系，对档案信息资源进行全面的评估，以确保其质量和可持续发展。开展档案信息资源利用效益评估可以帮助我们及时发现问题、改进政策，进而更好地推动档案信息资源的发展和利用工作。在制定与实施政策的过程中，充分考虑社会经济发展的需求，积极推动档案信息资源的开发和利用工作，为推动档案事业的发展做出更大的贡献。

(三) 完善评估结果的反馈机制

针对档案信息资源开发和利用的政策制定和评估工作，建议建立完善的评估结果反馈机制。这一机制将对政策的执行效果进行监测和评估，及时发现问题并提出改进建议。评估结果的反馈应该及时、准确地传达给相关部门，以便他们及时调整政策并采取有效措施。同时，应该建立一个反馈机制平台，让各方能够共享评估结果和经验，促进政策的持续改进和优化。通过建立完善的评估结果反馈机制，可以提高政策的执行效率和效果，推动档案信息资源的开发和利用工作取得更好的成效。

建立完善的评估结果反馈机制对于促进档案信息资源的开发和利用工作至关重要。只有通过监测和评估政策执行效果，及时发现问题并提出改进建议，才能确保政策的顺利实施。同时，及时传达评估结果给相关部门，让他们能够快速作出调整和采取有效措施，从而提高政策的执行效率和效果。

为了建立一个更加健全的反馈机制平台，各方需要共同努力，共享评估结果和经验。这样可以促进政策的持续改进和优化，为档案信息资源的开发和利用提供更好的支持。通过定期的评估结果反馈，可以帮助政府部门更加全面地了解政策执行的情况，及时发现问题并加以解决，进一步推动档案信息资源的利用工作向着更加科学、高效的方向发展。

除了建立评估结果反馈机制，还需要不断加强政策执行的监督和评估工作。只有确保政策执行的严谨性和规范性，才能有效提高档案信息资源的开发和利用效率，为社会提供更好的服务。希望通过各方的共同努力，建立健全的评估结果反馈机制，为档案信息资源的发展贡献自己的一份力量。

(四) 提高档案信息资源开发和利用的综合效益

档案信息资源开发和利用的政策对于提高综合效益具有重要意义。建立有效的政策可以推动档案信息资源的开发和利用，促进信息资源的共享和流通，提升档案信息资源的综合效益。制定政策需要考虑不同类型的档案信息资源，确定合理的发展方向，明确开发和利用的目标和措施。同时，建立评估体系可以对政策进行监督和评估，及时调整政策内容，确保政策的有效执行和实施。通过政策的制定和评估，可以最大限度地提高档案信息资源的综合效益，推动信息资源的利用和价值的最大化。

第二节 加强档案信息资源的整合利用

一、建立档案信息资源共享的机制

(一) 设立统一的档案信息资源共享平台

为了更好地推动档案信息资源的开发和利用，建议设立一个统一的档案信息资源共享平台。该平台将整合各类档案信息资源，包括政府档案、历史档案、企业档案等，为用户提供便捷的检索和获取服务。同时，平台可以借助现代信息技术手段，实现对档案信息资源的数字化处理和在线展示，提升信息资源的可利用性和开放性。通过建立这样一个统一平台，不仅可以促进档案信息资源的共享与交流，还可以为政府决策、学术研究、社会服务等领域提供更为便捷和丰富的信息支持。希望相关部门和机构能够共同努力，尽快建立起这样一个功能完善、覆盖广泛的档案信息资源共享平台，实现信息资源的最大化利用和价值释放。

(二) 完善档案信息资源共享的标准规范

为了更好地开发和利用档案信息资源，我们需要制定相关政策来指导和规范这一过程。同时，建立评估体系可以帮助我们及时评估和调整政策措施，确保其有效实施。加强档案信息资源的整合利用可以最大程度地提高资源利用效率，避免资源浪费。建立档案信息资源共享的机制可以促进资源共享和互相借鉴，实现资源优势互补，达到资源共赢的效果。完善档案信息资源共享的标准规范是保障资源共享质量的重要保障，确保共享过程的规范和有序进行，提升共享效果和利益。

为了更好地开发和利用档案信息资源，我们需要不断优化政策措施，使其更贴合实际需求，并及时作出评估和调整。建立一个健全的档案信息资源共享评估体系，可以及时发现问题并采取有效措施解决，确保政策的有效执行。同时，加强档案信息资源的整合利用，可以最大化资源的效益，提高利用效率，避免资源的浪费。

建立档案信息资源共享的机制不仅有利于不同机构之间资源的共享，还可以推动各机构间相互学习和借鉴，实现资源的优势互补，达到资源共赢的目的。共享资源能够有效避免重复建设，节约成本，提高实施效果，推动档案信息资源的不断发展。

完善档案信息资源共享的标准规范是保障资源共享质量和效果的关键。规范的共享过程能够有效避免资源冗余和混乱，提升共享效果和利益。规范的档案信息资源共享标准可以确保共享过程的有序进行，保证各方的权益不受侵犯，促进资源共

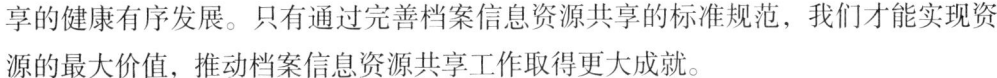

享的健康有序发展。只有通过完善档案信息资源共享的标准规范，我们才能实现资源的最大价值，推动档案信息资源共享工作取得更大成就。

(三) 提升档案信息资源的安全保密级别

对于档案信息资源的开发和利用，提升其安全保密级别至关重要。只有确保档案信息资源的安全性，才能有效防范数据泄露和信息被篡改的风险，保护用户的隐私和权益。因此，建议建立健全的安全保密机制，包括加强技术防护措施、制定严格的权限管理制度、加强网络安全监控和防护，确保档案信息资源的安全性和完整性。同时，加强员工的安全意识培训，提高他们对安全风险的认识和警惕，从源头上减少安全漏洞的可能性。只有全面提升档案信息资源的安全保密级别，才能确保其可持续发展和稳定运行。

二、加强档案信息资源整合的技术支持

(一) 利用先进的信息技术手段实现档案信息资源整合

要加强档案信息资源整合的技术支持，需要利用先进的信息技术手段来实现档案信息资源的整合。这意味着要借助现代化的技术手段，包括但不限于大数据分析、人工智能、云计算等，来帮助实现不同档案信息资源的有效整合和利用。通过这些先进的信息技术手段，可以更加高效地对档案信息资源进行管理、归档和检索，从而提高档案信息资源的整合利用效率。同时，也可以通过技术手段实现档案信息资源的跨系统整合和共享，使得不同部门、单位之间可以更加便捷地共享并利用档案信息资源，提升整体运行效率。通过利用先进的信息技术手段实现档案信息资源整合，可以更好地满足各种需求，推动档案信息资源的开发和利用水平不断提升。

通过利用先进的信息技术手段实现档案信息资源整合，可以实现更加智能化的档案管理系统，提高档案信息资源的价值和利用率。先进的大数据分析技术可以帮助档案管理人员更好地了解不同档案信息资源之间的关联和价值，为决策提供更全面的数据支持。人工智能技术可以通过智能化的推荐系统和自动化的归档、检索功能，帮助用户更快速地获取所需的信息资源。云计算技术则可以实现档案信息资源的线上共享和备份，确保信息的安全和可靠性。

通过利用先进的信息技术手段，不仅可以提高档案信息资源的整合利用效率，还可以促进不同单位之间的合作与交流。跨系统整合和共享可以实现信息资源的互通互联，提高信息流通的速度和效率，从而推动各方面的工作更加顺畅地进行。通过先进的信息技术手段，档案信息资源的开发和利用水平将得到进一步提升，为各

行各业的发展提供更强有力的支持。

总的来说，利用先进的信息技术手段实现档案信息资源整合，是一种务实有效的做法。只有不断跟上科技发展的步伐，积极引入先进技术，才能更好地适应信息社会的发展需求，提升档案信息资源的管理水平和服务质量。希望在未来的发展中，各个单位能够积极采用和借鉴这些先进的信息技术手段，共同推动档案信息资源的整合共享工作取得更大的成效。

（二）建立档案信息资源的互联互通系统

为了推动档案信息资源开发与利用工作的深入发展，我们需要制定相关政策并建立评估体系来监督实施情况。同时，加强档案信息资源的整合利用，提高资源利用效率。为此，需要加强技术支持，确保档案信息资源整合的顺畅进行。建立档案信息资源的互联互通系统，实现各类信息资源间的无缝连接与交流，极大地提高了信息检索和利用的便利性和效率。这样一套系统将为档案信息资源的共享和互通打下坚实的基础，进一步促进档案信息资源的开发和利用工作，为学术研究和社会发展提供更为便捷的数据支持。

（三）提升档案信息资源管理的智能化水平

为了有效地开发和利用档案信息资源，必须制定相应的政策来规范和推动这一工作。在政策层面上，我们应该考虑如何建立体系完善的档案信息资源开发和利用评估体系，以便更好地监督和评价工作的进展情况。同时，加强档案信息资源的整合利用也是至关重要的，只有充分整合各类信息资源，才能更好地发挥其作用。为了实现这一目标，我们还需要加强档案信息资源整合的技术支持，提高管理的智能化水平，以便更高效地管理和利用这些宝贵的资源。通过以上措施的实施，相信档案信息资源的开发和利用将迎来更加美好的明天。

为了实现档案信息资源的智能化管理，我们需要加强技术支持和人才培养，建立健全的信息系统和数据管理规范。同时，还需要注重信息资源的分类整理和标准化，以便更好地进行检索和利用。在整个管理过程中，要强调保护隐私和信息安全，确保档案信息资源的安全可靠。还应该注重档案信息资源的共享和开放，促进不同部门之间的信息交流与合作。只有通过综合利用各种资源，才能实现档案信息资源管理的最大价值。

在智能化管理的背景下，我们可以利用人工智能和大数据技术，对档案信息资源进行更深入的分析和挖掘，发现其中隐藏的规律和关联。通过建立智能化的档案信息检索系统，可以更快速地找到所需信息，提高工作效率。而智能化的档案信息管理系统可以帮助我们更好地把握资源的动态变化，及时调整管理策略，做出科学决策。

未来，随着技术的不断进步和人才队伍的不断壮大，档案信息资源的智能化管理将走向更高的水平。我们相信，通过持续不懈的努力和创新，档案信息资源的开发和利用将迎来更加美好的明天。让我们共同努力，为档案信息资源管理的智能化发展贡献一份力量，让每一份档案信息资源都得到充分的价值和利用。愿档案信息资源的光芒照耀着我们的未来！

(四) 推动档案信息资源的数字化加工与应用

针对档案信息资源的数字化加工与应用，我们应当加大政策支持力度，着力推动档案信息资源的数字化转型和利用。同时，需要建立全面、科学的评估体系，以确保档案信息资源的开发和利用能够有效推进。加强档案信息资源的整合利用是至关重要的，只有充分整合各类档案信息资源，才能实现资源的充分价值和利用效果。为此，我们还需要加强档案信息资源整合的技术支持，不断提升技术水平，确保整合工作的顺利进行。推动档案信息资源的数字化加工与应用是当前任务的重点所在，我们应当采取一系列有效措施，促进档案信息资源的数字化加工与应用工作顺利展开，为信息资源开发与利用提供有力支撑。

在推动档案信息资源的数字化加工与应用的过程中，我们还需关注信息安全和保护隐私的重要性。同时，加强人才队伍建设，培养更多的档案信息资源管理专业人才，提升他们的业务水平和素养，确保数字化加工与应用工作的顺利进行。还需要建立健全的监督机制和管理制度，规范档案信息资源的数字化加工与利用流程，促进工作的规范化和高效化。在推动档案信息资源的数字化加工与应用的同时，要注重与相关领域的合作与交流，吸取各方经验和智慧，共同推动档案信息资源的数字化转型和应用。只有不断探索创新，加强协作，才能更好地促进档案信息资源的数字化加工与应用工作，为信息资源开发与利用提供更好的支持和保障。最终实现档案信息资源价值的最大化，推动社会信息化建设的不断深入发展。

三、加强档案信息资源的跨部门协同利用

(一) 开展跨部门的档案信息资源共建共享

在当前数字化时代，档案信息资源的开发和利用已经成为政府和社会关注的重要议题。为了更好地推动档案信息资源的发展，我们需要制定相关政策来规范和指导这一工作。一方面，应该建立健全的档案信息资源开发和利用的评估体系，通过

科学的评估方法来监测和评价这些资源的开发利用情况。另一方面，需要加强档案信息资源的整合利用，将各种形式的档案信息资源进行有效整合，提高其利用效率。同时，应该加强跨部门协同利用，通过建立协作机制，促进各部门之间的信息资源共享与利用。最重要的是，要开展跨部门的档案信息资源共建共享，共同营造一个开放、共享、便捷的档案信息资源共享平台，让更多的人能够共享和利用这些宝贵的信息资源。通过这些政策举措的实施，相信档案信息资源的开发和利用将迎来更加美好的未来。

在推动档案信息资源的发展过程中，我们还需要加强技术支持和创新，不断提升档案信息资源的数字化水平和智能化程度。同时，应该注重人才队伍建设，培养更多具有专业知识和技能的档案信息资源管理人才，为档案信息资源的开发和利用提供强有力的支持。

还需要注重档案信息资源安全和保护，建立健全的档案信息资源安全管理体系，加强对档案信息资源的管理和监督，确保档案信息资源的安全可靠。同时，应该积极开展国际合作，借鉴和吸收国际先进经验，提升我国档案信息资源的国际竞争力。

在档案信息资源共建共享的过程中，还需要注重用户需求，紧密结合用户需求，推动档案信息资源的开发和利用工作。同时，应该注重档案信息资源的规范化管理，建立统一的规范标准，提升档案信息资源的质量和服务水平。

我们还应该注重社会宣传和推广工作，积极宣传档案信息资源的重要性和作用，提升社会公众对档案信息资源的认识和关注度。只有通过各方共同努力，才能实现档案信息资源的充分开发和利用，为推动国家经济社会发展提供坚实的基础支撑。

(二) 加强档案信息资源利用的协同合作

在档案信息资源开发与利用的过程中，加强协同合作显得尤为重要。只有实现多方合作、资源共享，才能更好地促进档案信息资源的广泛利用和价值最大化。对于政府部门、学术机构、企业单位等各方利益相关者，建立合作机制、共享平台是必不可少的措施。同时，要加强协同领导，明确各方责任，推动不同层面、不同领域之间的合作。只有形成良性的协同合作模式，才能更好地发挥档案信息资源的作用，实现资源共享，推动社会发展。在这个过程中，互相之间的信任、沟通、共赢的思维方式将是推动协同合作的关键。通过建立多元化合作模式、共同建设共享平台，共同推进档案信息资源的开发与利用工作，必将取得更好的成果。

(三) 促进不同部门间信息资源的交流与融合

在档案信息资源开发与利用的政策建议中，促进不同部门间信息资源的交流与融合显得尤为重要。在当前数字化时代，各部门的信息资源都呈现出海量且多元的特点，只有通过促进交流与融合，才能最大程度地发挥信息资源的效益。因此，建议政府制定相关政策，推动各部门间信息资源的共享与整合，打破信息孤岛，实现信息资源的高效利用。

为实现不同部门间信息资源的交流与融合，首先需要建立统一的数据标准和格式，以便不同部门间的信息交流与共享。同时，还需要加强信息共享平台的建设，为不同部门间的信息交流提供便利的条件。政府还可以推动跨部门信息资源的互操作，促进不同部门间的信息共享与融合，提高整体效率与服务水平。

政府可以通过开展相关培训与交流活动，促进不同部门间信息资源的交流与融合。在不同部门间建立信息资源共享与交流的文化，鼓励各部门共享信息资源，推动各部门间的协同发展。只有不同部门之间信息资源得到有效整合与利用，才能更好地为全社会提供更优质的服务与支持。

为促进不同部门间信息资源的交流与融合，政府可以建立信息资源共享的平台，鼓励各部门共享数据和信息，实现跨部门的信息共享与互通。还可以加强信息技术的应用，建立智能化的信息系统，提高信息资源的整合利用效率。政府可以制定相关政策和法规，规范信息资源的共享与融合，推动不同部门之间的信息交流与合作。同时，加强信息安全保护措施，确保共享的信息资源不会被滥用或泄露。政府还可以组织部门间的交流会议和研讨活动，促进不同部门间的了解和合作，增进信息资源的共享与整合意识，实现信息资源的高效利用，提升政府服务水平和社会发展效益。

四、提升档案信息资源的可持续利用能力

（一）制定档案信息资源长期保存与开发利用计划

在档案信息资源开发与利用的政策建议中，制定档案信息资源长期保存与开发利用计划是至关重要的一环。这一计划的制定需要深入研究和全面考虑现有的档案信息资源及其未来的发展方向，针对性地制定长期保存和开发利用的方案。只有通过科学规划和有效管理，档案信息资源才能得以保护和传承，为社会和经济发展提供稳定的信息支撑。

为了实现档案信息资源的长期保存与开发利用，首先需要明确目标和任务，并制定详细的实施方案。这包括确定要保存和开发的档案信息资源内容、时间轴、责任部门、执行步骤等，确保整个计划有序推进。同时，需要建立健全的档案信息资源管理体系，确保各项工作按照规定落实到位，防止资源浪费和信息泄漏。

要重视档案信息资源的价值评估和持续监测，及时调整长期保存与开发利用计划，确保其与时俱进。定期对档案信息资源的开发效果进行评估和总结，并根据评估结果调整管理策略和发展方向，以提高档案信息资源的使用效率和社会影响力。

综合来看，制定档案信息资源长期保存与开发利用计划是档案信息资源开发与利用的政策建议的基础和支撑。只有通过定期评估和调整，加强管理和监督，档案信息资源才能得到有效保护和开发利用，为社会发展和进步做出更大的贡献。

(二) 建立档案信息资源更新迭代机制

为了促进档案信息资源开发与利用的可持续发展，建立档案信息资源更新迭代机制十分关键。通过建立定期的更新迭代机制，可以及时跟踪和应对档案信息资源的变化和需求，促进其不断优化和提升。同时，更新迭代机制可以有效推动档案信息资源的更新与升级，保持其与时俱进的特性。这样一来，档案信息资源的质量和效益将得到更好的保障和提升，满足各类需求和应用场景。建立档案信息资源更新迭代机制将有助于推动我国档案事业的可持续发展，提升档案信息资源的服务能力和社会效益。

(三) 提高档案信息资源的开放共享度

在档案信息资源开发和利用方面，我们需要着重加强档案信息资源的整合利用，建立评估体系，提升其可持续利用能力。还需制定相应的政策来规范档案信息资源的开放共享度，以便更好地满足用户需求，促进信息资源的传播和共享。只有通过这些措施的全面落实，我们才能更好地推动档案信息资源的开发和利用工作，实现其效益最大化，服务社会发展的需求。

在当前信息化社会环境下，档案信息资源的开发和利用已经成为一个重要的议题。为了更好地推动档案信息资源的有效利用，我们需要不断加强档案信息资源的整合利用，建立起完善的评估体系，以提升其可持续利用能力。同时，还需制定相关政策，规范档案信息资源的开放共享度，确保用户需求得以满足，促进信息资源的传播和共享。

在档案信息资源的开发利用过程中，还需要加强技术研发和人员培训，不断提升档案信息资源管理的水平和效率。同时，要积极探索新的管理模式和方法，推动档案信息资源的数字化转型，提高其可访问性和使用便利性。只有通过这些努力，我们才能更好地实现档案信息资源的效益最大化，为社会发展提供更加有力的支持。

还需要加强档案信息资源的保护和安全性管理工作，建立起健全的安全监控机制，防范信息泄漏和网络攻击等安全风险。同时，要加强内部管理和外部合作，建

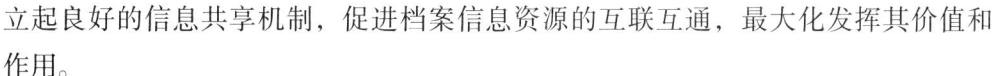

立起良好的信息共享机制，促进档案信息资源的互联互通，最大化发挥其价值和作用。

总的来说，要通过各方面的努力和措施，推动档案信息资源的开发和利用工作不断取得新的突破和进展，为社会发展提供更加全面和有力的支持。希望未来在档案信息资源管理领域能够不断创新和进步，实现信息资源的共享共赢，为推动社会发展作出更大的贡献。

(四) 推行档案信息资源的绿色利用

为了有效推动档案信息资源的绿色利用，我们需要建立起科学严谨的政策体系，为档案信息资源的可持续利用提供坚实的保障。同时，我们还需要建立起完善的评估体系，及时监测和评估档案信息资源的开发和利用情况，为政策的制定和调整提供依据。加强档案信息资源的整合利用，推动不同档案信息资源之间的互通共享，提高档案信息资源的利用效率和效益。只有通过这些措施的综合实施，才能真正实现档案信息资源的可持续利用，并最终实现档案信息资源的绿色利用目标。

五、推进档案信息资源的多维度利用

(一) 发展档案信息资源的多样化应用

随着时代的进步和社会的发展，档案信息资源扮演着越来越重要的角色。为了更好地开发和利用这些宝贵的资源，我们需要制定一系列政策来引导和规范相关工作。制定档案信息资源开发和利用的政策是至关重要的。这些政策应当明确规定档案信息资源的保护、整合和利用等方面的要求，为相关工作提供明确的指导和规范。建立档案信息资源开发和利用的评估体系也势在必行。通过建立科学的评估体系，可以有效地评估和监测档案信息资源的开发和利用情况，及时发现问题并加以解决。加强档案信息资源的整合利用也是非常重要的。档案信息资源的整合利用可以提高资源利用效率，避免资源的重复利用，从而更好地发挥资源的价值。同时，推进档案信息资源的多维度利用也是必不可少的。在利用档案信息资源的过程中，要充分考虑资源的多种价值和用途，实现资源的多维度利用。发展档案信息资源的多样化应用也是非常重要的。通过不断创新和完善档案信息资源的应用模式，可以更好地满足不同领域的需求，促进档案信息资源的广泛传播和应用。通过以上一系列政策建议的制定和执行，相信档案信息资源的开发和利用将迎来新的发展机遇，为社会发展和进步做出更大的贡献。

(二) 推广档案信息资源的多媒体展示

为了促进档案信息资源的开发和利用,应该制定相应的政策措施。同时,建立评估体系也是非常重要的,能够有效地评估档案信息资源的开发和利用情况。加强档案信息资源的整合利用,推进档案信息资源的多维度利用也是必不可少的。推广档案信息资源的多媒体展示方式,可以更好地向公众展示档案信息资源的丰富内容。

为了推广档案信息资源的多媒体展示,可以利用现代科技手段,如互联网、智能手机等设备,将档案信息资源以图文、视频等形式展示给公众。可以开展档案信息资源的线上展览活动,吸引更多人参与和了解。同时,可以与各界合作,推出相关的 AP 或网站,方便人们随时随地获取档案信息资源。可以利用社交媒体平台,扩大档案信息资源的传播范围,吸引更多的关注和参与。进一步,可以举办档案信息资源的主题讲座或研讨会,提升公众对档案信息资源的认识和了解。总体来说,通过多种途径和方式推广档案信息资源的多媒体展示,可以更好地传播和推广档案信息资源,促进其开发和利用,从而实现档案信息资源的价值最大化。

(三) 探索档案信息资源的虚拟与实体结合利用

当前,档案信息资源的开发与利用已经成为一个重要议题。为了更好地促进档案信息资源的利用,我们需要制定相应的政策来规范和引导实践,同时也需要建立评估体系来全面评估档案信息资源的开发和利用情况。为了加强档案信息资源的整合利用,我们需要推动不同领域的档案信息资源共享和联动,以提高资源利用效率。而推进档案信息资源的多维度利用,可以更好地满足不同用户群体的需求,提高资源的利用率。探索档案信息资源的虚拟与实体结合利用,则是在数字化时代的新要求下,将虚拟资源与实体资源相结合,实现更加灵活高效的利用模式。通过以上政策建议和措施,我们相信档案信息资源的开发与利用将迎来新的发展机遇,为社会发展和进步做出更大贡献。

档案信息资源的开发与利用是当今社会发展中一个至关重要的议题。为了更好地促进这些资源的利用,我们需要不断完善相应的政策和法规,以规范和引导实践的发展方向。同时,建立健全的评估体系也是必不可少的,只有全面评估档案信息资源的开发和利用情况,才能更好地指导相关工作的开展。为了加强资源整合利用的效果,需要推动不同领域之间的合作与共享,实现资源的最大化利用。

在档案信息资源的多维度利用方面,我们还需要不断探索新的途径和方法,以满足不同用户群体的需求。通过推动虚拟与实体资源的结合利用,我们可以更加灵活地开展各项工作,提高工作效率。数字化时代的要求下,档案信息资源的利用模式也在不断创新和升级，带来更多发展机遇和挑战。

我们相信随着各项政策建议和措施的实施，档案信息资源的开发与利用将迎来崭新的历程，为社会的持续发展和进步贡献更大的力量。在不断探索与实践中，我们将不断完善现有体系，不断创新工作方法，让档案信息资源成为社会进步与发展的有力支撑。

(四) 提高档案信息资源的用户体验

为了提高档案信息资源的用户体验，我们需要制定相关政策，建立评估体系，加强资源整合利用，推进多维度利用。这些措施将有助于满足用户需求，提升用户体验。通过政策制定，我们可以规范资源开发和利用的方向，指导相关工作的开展。同时，建立评估体系可以对资源的质量和效果进行监管和评估，确保资源的有效利用。加强资源整合利用和推进多维度利用，可以让用户更便捷地获取所需信息，丰富资源在不同领域和层次的应用。综合这些政策建议，我们相信可以有效提高档案信息资源的用户体验，推动资源的更好利用和发展。

为了提高档案信息资源的用户体验，我们还可以通过加强技术支持和创新应用，提升用户获取信息的便捷程度。同时，建立行业间的资源共享机制，促进不同机构之间的信息互通与共享，实现资源的最大化利用。定期组织专业人员培训和知识更新，提高工作人员对档案信息资源的理解和利用能力。在数字化时代，加强网络安全保障和信息保护，确保档案信息资源的安全性和可靠性。通过以上措施的推行，相信能够进一步提升档案信息资源的用户体验，满足用户对信息获取的多样化需求，推动档案信息资源的更好利用和普及。

(五) 加强档案信息资源的普及与推广

在档案信息资源开发与利用方面，加强档案信息资源的普及与推广至关重要。只有将档案信息资源推广至更多人的视野中，才能更好地实现资源的最大化利用。通过多种方式，如开展宣传教育活动、建立专门的推广渠道以及制定相关政策措施等，可以有效提升档案信息资源的普及度。同时，还需注重推广工作的持续性和系统性，确保档案信息资源能够得到广泛传播和应用，为社会各界提供强有力的支持和帮助。

在当今信息爆炸的时代，档案信息资源的普及与推广不仅是档案领域的重要任务，更是社会发展的需要。只有将档案信息资源置于更广泛的视野中，才能实现其最大化利用价值。因此，我们需要不断探索各种途径和方式，拓展档案信息的传播渠道，提升其覆盖范围。

开展宣传教育活动是扩大档案信息资源影响力的有效途径。通过举办讲座、展览等形式，向社会公众普及档案信息的重要性和作用，引导人们对档案信息的关注和重视。同时，建立专门的推广渠道也是至关重要的。可以建立专门的网站平台，发挥互联网的优势，将档案信息资源推广至更多人群，实现信息的快速传播和共享。

制定相关政策措施也是推动档案信息资源普及的重要手段。政府部门可以加大对档案事业的支持力度，出台鼓励政策，引导社会机构和个人参与档案信息资源的推广工作。同时，注重推广工作的持续性和系统性也至关重要。只有不断持续地进行推广，确保档案信息资源得到广泛传播和应用，才能为社会各界提供更有力的支持和帮助。通过不懈努力，档案信息资源将真正成为社会发展的重要动力和支撑。

第三节 健全档案信息资源的开放共享机制

一、加强档案信息资源的开放共享政策建设

（一）推动档案信息资源的开放共享立法

为了推动档案信息资源的开放共享立法，需要着力制定相关政策措施，建立相关法律法规的法律体系，加强立法宣传力度，并不断完善立法机制，保障档案信息资源的开放共享合法权益。同时，应该强化相关法规的落实执行力度，确保各项法规政策得以有效贯彻实施，为档案信息资源的开放共享创造有利条件。在立法过程中，还应该加强社会各方面的参与合作，形成立法共识，推动相关法律法规的立法进程，实现档案信息资源开放共享立法的目标和意义。

（二）完善档案信息资源的开放共享政策体系

在完善档案信息资源的开放共享政策体系方面，需要加强政策的制定和实施。只有建立健全的政策体系，才能有效推动档案信息资源的开放共享，促进资源的广泛利用。还需要加强档案信息资源的管理和保护，确保资源的安全性和可靠性。同时，要注重信息资源共享平台的建设，提供便利的共享途径，方便用户获取和利用信息资源。在政策体系中还应包含对档案信息资源的分类管理和标准化要求，以便更好地整合资源、提高资源利用效率。最终，完善的政策体系将为档案信息资源的开放共享奠定坚实的基础，实现资源共享、效益最大化的目标。

(三)促进档案信息资源的自由获取与利用

随着数字化时代的到来,档案信息资源的开发与利用变得愈发重要。为了更好地促进档案信息资源的自由获取与利用,我们需要制定相关政策,建立评估体系,加强资源的整合利用,推进多维度利用,健全开放共享机制,并加强开放共享政策建设。只有这样,才能促进档案信息资源的自由获取与利用,为社会的发展和进步提供更为有效的支持。

随着数字化时代的不断发展,档案信息资源的开发与利用正逐渐成为社会各行各业关注的焦点。在这个过程中,我们需要不断推动政策的更新与完善,建立健全的评估体系,持续加强资源的整合利用,不断推进多维度利用的深入发展。

除此之外,我们还需要加强开放共享机制的建设,促使资源信息能够更加便捷地为社会大众所使用。只有不断完善开放共享政策建设,才能更好地保障档案信息资源的自由获取与利用。只有在这样的基础上,档案信息资源才能为社会的发展和进步提供更为有效的支持,为我们的社会带来更多的创新和进步。在未来的道路上,我们需要不断努力,共同致力于推动档案信息资源的开发与利用,为建设数字化智慧社会贡献自己的力量。

二、增进档案信息资源的开放共享意识培养

(一)宣传档案信息资源的开放共享理念

档案信息资源的开发和利用是一个重要的工作领域,关乎国家文化遗产的保存和传承。为了促进档案信息资源的开放共享,我们需要制定相关政策,建立评估体系,加强资源的整合利用,推进多维度利用,健全开放共享机制,增进开放共享意识培养,并宣传开放共享理念。只有这样,我们才能更好地利用档案信息资源,推动我国档案事业的发展。愿我们共同努力,共同推动档案信息资源的开放共享,为国家文化事业的繁荣做出贡献。

(二)培养档案信息资源开放共享的文化氛围

在档案信息资源开发与利用的政策建议中,培养档案信息资源开放共享的文化氛围至关重要。这一举措不仅有助于加强档案信息资源的整合利用,推进多维度利用,也有利于健全开放共享机制。同时,增进开放共享意识培养也能提高档案信息资源开放共享的效果。通过培养档案信息资源开放共享的文化氛围,可以让更多人参与到这一过程中,共同推动档案信息资源的开发与利用工作。

(三）弘扬档案信息资源开放共享的价值观念

档案信息资源开发与利用是信息时代的重要议题，为有效利用档案信息资源，我们需要制定相关政策。建立评估体系可帮助监督资源开发和利用情况。同时，加强整合利用和推进多维度利用也是必要的措施。健全开放共享机制和增进开放共享意识培养，能够促进资源共享。弘扬开放共享的价值观念，则将有助于推动档案信息资源的可持续发展。

在推动档案信息资源的可持续发展过程中，需要重视资源整合的有效性和系统性，以确保资源的最大效益和价值。开放共享的理念也需要在机构和个人层面得到实践和深化。只有不断弘扬和践行开放共享的价值观念，才能真正实现资源的共享和利用的最大化。同时，建立健全的监督和评估机制也是推动档案资源开发与利用的关键一环。只有通过持续的监督和评估，才能及时发现问题并加以解决，确保资源利用的有效性和可持续性。在不断推进档案信息资源开发与利用的过程中，我们还需要关注多维度的利用方式，以适应不同需求和环境。通过加强资源的多维度利用，可以更好地满足用户的需求，提升资源的价值和影响力。最终，只有坚定信念和持之以恒的努力，才能够实现档案信息资源开发与利用的可持续和健康发展。

（四）提升档案信息资源开放共享的应用能力

为了提升档案信息资源开放共享的应用能力，我们需要制定具体的政策和规定，规范档案信息资源的开放共享行为。同时，建立评估体系可以对开放共享行为进行有效监督和评价，促使相关机构和个人更加自觉地遵守政策法规。加强档案信息资源的整合利用可以实现资源的最大化利用，并促进不同领域的信息资源共享与交流。推进档案信息资源的多维度利用，能够为各行各业提供更多元化、多样化的信息资源支持，促进创新发展。健全开放共享机制是实现信息资源共享的关键，需要建立更加完善的机制来保障信息资源的开放共享顺畅进行。增进开放共享意识培养可以提高人们对信息资源共享的认识和重视程度，推动各界人士更加积极地参与到信息资源开放共享中来。通过以上措施的实施，我们相信可以有效提升档案信息资源开放共享的应用能力，为实现信息资源的高效利用和共享奠定坚实基础。

三、推动档案信息资源的共享平台建设

（一）建设档案信息资源的统一共享平台

不仅要制定档案信息资源开发和利用的政策，而且要建立评估体系，加强整合

利用，推进多维度利用。健全开放共享机制、推动共享平台建设，建设统一共享平台，将对档案信息资源的开发和利用起到积极推动作用。

建设档案信息资源的统一共享平台是当前档案管理工作的重要方向之一。在实施过程中，不仅需要政策的支持，还需要建立完善的评估体系，以确保资源的合理开发和利用。在加强整合利用的同时，必须推进多维度利用，以满足不同用户的需求。

为了促进档案信息资源的开发和利用，还需要建立健全的开放共享机制，推动共享平台的建设。通过统一共享平台的构建，不仅可以实现资源的集中管理和统一维护，同时也能够为用户提供更便捷的检索和获取途径。共享平台的建设将为档案信息资源的利用带来积极的推动作用，有效提升资源的利用效率和效果。

在建设统一共享平台的过程中，需要充分考虑不同档案信息资源之间的链接关系，实现资源的互通共享。同时，还需要加强对平台的维护和更新，确保其持续稳定运行。在推动共享平台建设的同时，也要注重用户需求，不断改进平台功能，提升用户体验。

总的来说，建设档案信息资源的统一共享平台是档案管理工作的重要举措，将促进档案信息资源的开发和利用，推动档案事业的发展。只有不断加强共享平台建设，才能更好地实现档案信息资源的价值，为社会发展和进步提供更加可靠的支撑。

（二）完善档案信息资源的开放共享服务体系

政府部门应当制定相关政策，明确档案信息资源开发和利用的指导原则和具体措施，推动档案信息资源开发和利用工作的深入开展。同时，建立健全档案信息资源开发和利用的评估体系，建立科学的评估标准，提高档案信息资源开发和利用的效率和效果。加强档案信息资源的整合利用，促进不同部门之间的信息资源互通共享，提高信息资源的综合利用价值。推进档案信息资源的多维度利用，丰富档案信息资源的内容和形式，满足不同用户的需求。健全档案信息资源的开放共享机制，建立信息资源共享的规范体系，促进信息资源的规范开放共享。同时，推动档案信息资源的共享平台建设，建立统一的信息资源共享平台，方便用户随时获取需要的信息资源。完善档案信息资源的开放共享服务体系，提高信息资源的服务质量和效率，为用户提供更加便捷的信息资源服务。

在完善档案信息资源的开放共享服务体系方面，还需要注重加强技术支持和人才培养，提高档案信息资源的管理和维护水平。同时，建立信息资源更新和维护机制，确保档案信息资源的及时更新和有效维护。要积极开展档案信息资源的推广和宣传工作，提升用户对档案信息资源的认知和利用意识。加强国际合作与交流，扩大档案信息资源的国际影响力和知名度。同时，建立档案信息资源的安全保障机制，确保档案信息资源的安全性和可靠性。推动档案信息资源的标准化建设，建立统一的档案信息资源标准体系，提高档案信息资源的规范化水平。加强档案信息资源的智能化应用，推动人工智能、大数据等先进技术在档案信息资源开发和利用中的应用。进一步优化档案信息资源的服务体验，提高用户对档案信息资源服务的满意度和便利性。最终，不断完善档案信息资源的开放共享服务体系，为推动档案事业发展提供坚实支撑，推动信息资源开发和利用工作迈向新的高度。

（三）提高档案信息资源的开放共享效率

在档案信息资源开发与利用的政策建议中，重要的一点是要加强档案信息资源的整合利用。为此，需要建立起相应的评估体系，以更全面地了解和评价档案信息资源的开发和利用情况。同时，推动档案信息资源的多维度利用是必不可少的，这有助于更好地挖掘和利用档案信息资源的潜力。

健全档案信息资源的开放共享机制也是至关重要的。只有通过建立起完善的共享机制，才能使更多的人可以方便地获取和利用档案信息资源。同时，推动档案信息资源的共享平台建设也是必要的，这将为档案信息资源的开放共享提供更为有效的平台和途径。

而提高档案信息资源的开放共享效率，则是整个政策建议的核心之一。只有通过提高档案信息资源的开放共享效率，才能更好地实现档案信息资源的有效利用，为社会进步和发展提供更为有力的支撑。因此，在制定和实施相关政策时，必须要重视提高档案信息资源的开放共享效率，这将为档案信息资源开发与利用提供更为坚实的基础。

第四节　完善档案信息资源的管理保障

一、加强档案信息资源的数字化管理

（一）推动档案信息资源的数字化建设

为推动档案信息资源的数字化建设，需要制定相关政策并建立评估体系，加强整合利用和多维度利用，健全开放共享机制和共享平台建设，完善管理保障和加强数字化管理。通过这些举措，可以促进档案信息资源的数字化建设，推动其在信息化时代的应用和发展。

为推动档案信息资源的数字化建设，政府应当积极推动数字技术在档案管理中的普及应用，提升数字化管理水平，建立完善的数据安全保障体系，确保档案信息资源的数字化存储和传播安全可靠。同时，还需要加强档案信息资源的分类整理和标准化工作，提升档案检索和利用效率，为用户提供更加便捷的信息获取途径。加强档案信息资源的数字化建设还需要强化人才培训和团队建设，引进优秀的信息技术人才，提高档案管理人员的数字化技能水平，推动档案工作的现代化转型。建立数字化档案信息资源的长期保存机制，确保档案信息资源的永久保存和持续利用，为后续的研究和应用提供可靠的数据支持。在推动档案信息资源的数字化建设过程中，还需要加强国际合作，借鉴和学习国际先进的数字化档案管理经验，推动我国档案事业的不断发展和进步。通过上述措施的全面实施，可以有效促进档案信息资源的数字化建设，推动档案事业在信息化时代迈上新的台阶，为社会经济发展和文化传承做出更大的贡献。

(二) 完善档案信息资源的数字化管理标准

档案信息资源的数字化管理标准是档案信息资源开发与利用的重要保障，是推动档案信息资源向数字化转型的关键举措。建立数字化管理标准，可以规范档案信息资源的数字化处理流程，确保档案信息资源的完整性和可持续性。同时，数字化管理标准还可以促进档案信息资源的互联互通，提升档案信息资源的利用效率和价值。在实施数字化管理标准的过程中，需要考虑档案信息资源的特点和需求，结合最新的技术和标准，制定科学合理的数字化管理规范，保障档案信息资源的安全性和可控性。只有不断完善数字化管理标准，才能更好地发挥档案信息资源的作用，推动档案信息资源的创新发展，为社会经济发展提供有力支撑。

档案信息资源的数字化管理标准对于档案信息资源的保护和利用具有重要意义。通过建立科学合理的数字化管理规范，可以有效规范档案信息资源的数字化处理流程，确保档案信息资源的完整性和可持续性。数字化管理标准还有助于促进档案信息资源的互联互通，提高档案信息资源的利用效率和价值。

在实施数字化管理标准的过程中，需要充分考虑档案信息资源的特点和需求，结合最新的技术和标准，制定相应的管理规范，以确保档案信息资源的安全性和可控性。只有不断完善数字化管理标准，才能更好地发挥档案信息资源的作用，推动档案信息资源的创新发展，为社会经济发展提供有力支撑。

数字化管理标准的建立还需充分考虑未来的发展趋势，及时更新标准内容，适应新的技术和需求变化。借助先进的技术手段，对档案信息资源进行智能化管理，实现信息资源的全面管理和智能化利用，将大提升档案信息资源的管理效率和服务质量，助力数字化转型取得更大成就。

总的来说，完善档案信息资源的数字化管理标准是保障档案信息资源有效开发和利用的重要保障措施，只有建立科学规范的管理标准，才能更好地推动档案信息资源的数字化转型，促进信息资源利用的创新发展，进一步提升档案信息资源在社会中的重要作用。

（三）提升档案信息资源的数字资源化水平

加强档案信息资源的数字化管理是当前档案信息资源开发与利用的重要方向之一，通过数字化管理，可以实现档案资源的快速检索和高效利用。数字资源化可以帮助整合、保护和传播档案信息资源，提高档案信息资源的利用效率和服务水平。为推动档案信息资源的数字化管理，需要建立完善的数字档案信息管理系统，制定数字化管理规范和标准，保障数字化管理的顺利实施。同时，应加强对数字化管理技术的研究和应用，提升数字资源化水平，促进档案信息资源的数字化建设和发展。通过持续努力和创新，进一步提升档案信息资源的数字资源化水平，为推动档案信息资源的开发与利用提供更加有力的支持和保障。

二、健全档案信息资源的安全保障机制

（一）设立档案信息资源的安全管理规章

为了加强档案信息资源的安全保障，必须设立档案信息资源的安全管理规章。通过制定明确的规章，可以规范和约束档案信息资源的开发和利用行为，确保档案信息资源的安全性和可靠性。同时，规章还可以明确相关责任人的职责和权限，建立健全的管理机制，提高档案信息资源的管理水平。只有通过设立规章，才能有效地保障档案信息资源的安全，为档案信息资源的开发和利用提供有力的保障。

（二）完善档案信息资源的安全监控系统

在档案信息资源开发与利用的过程中，完善档案信息资源的安全监控系统显得尤为重要。只有建立健全的安全监控系统，才能有效防范信息资源泄露、篡改等安全风险，确保档案信息资源的安全性和可靠性。安全监控系统不仅需要具备实时监测、预警和应急处理的功能，还需要逐步完善相关技术和管理措施，确保安全防护体系的全面性和有效性。同时，还需加强安全意识教育，提高相关人员对信息安全的重视和自觉性，从而形成全员参与、共同维护档案信息资源安全的氛围。只有这样，才能有效保障档案信息资源的安全，推动档案信息资源的健康发展和利用。

在当前数字化信息时代，档案信息资源的安全性备受重视。针对信息资源开发与利用过程中可能存在的安全隐患，完善档案信息资源的安全监控系统显得至关重要。建立健全的安全监控系统，可以有效预防信息资源泄露、篡改等安全风险，确保档案信息资源的安全性和可靠性。实现这一目标，需要安全监控系统具备实时监测、预警和应急处理功能，并逐步完善相关技术和管理措施，以确保安全防护体系的全面性和有效性。

加强安全意识教育也是至关重要的一环，通过提高相关人员对信息安全的重视和自觉性，可以形成全员参与、共同维护档案信息资源安全的氛围。只有当每个人都意识到信息安全的重要性并积极参与到安全工作中去，才能进一步强化档案信息资源的安全保障措施。

在不断完善安全监控系统的同时，还应加强对信息技术人员的培训和教育，提高其专业水平和技能，以更好地应对各类安全挑战和威胁。同时，建立定期检查和评估机制，确保安全措施的长效性和有效性。

总的来说，只有通过共同努力，建立起完善的安全监控系统，并加强相关人员的安全意识教育，才能有效保障档案信息资源的安全，推动其健康发展和利用，为数字化时代的档案信息保护和管理提供坚实基础。

(三) 提高档案信息资源的安全风险防范能力

提高档案信息资源的安全风险防范能力，是当前档案信息资源开发与利用中必不可少的重要环节。只有不断加强安全防范工作，才能有效保障档案信息资源的安全性和完整性。在制定档案信息资源开发和利用的政策时，应明确安全防范的重要性，加强对档案信息资源的安全管理和监控。同时，建立档案信息资源开发和利用的评估体系，定期对档案信息资源的安全风险进行评估和排查，及时发现和解决安全隐患。加强档案信息资源的整合利用，通过信息技术手段整合不同来源的数据，提高数据的安全性和保密性。推进档案信息资源的多维度利用，可以避免信息泄露的风险。健全档案信息资源的开放共享机制，明确信息资源共享的权限和范围，规范共享方式，防范信息资源被恶意利用的风险。推动档案信息资源的共享平台建设，建立安全可靠的共享平台，保障信息资源的安全性和私密性。完善档案信息资源的管理保障，建立健全的档案信息资源管理制度和保障措施，确保信息资源的安全利用。实施健全档案信息资源的安全保障机制，建立安全防护体系，防范黑客攻击、病毒侵袭等安全风险。提高档案信息资源的安全风险防范能力，是档案信息资源开发与利用的重要保障措施。

(四)加强档案信息资源的应急响应机制

在档案信息资源开发与利用的政策建议中,加强档案信息资源的应急响应机制显得尤为重要。只有建立完善的应急响应机制,才能有效应对突发事件对档案信息资源的影响,确保档案信息资源的安全和稳定运行。在实际操作中,需要明确各种应急情况的处理流程和责任分工,提前制定好应急预案并进行定期演练,同时加强人员培训和技术装备的更新,以确保应急响应效率和准确性。只有这样,才能保障档案信息资源在面临突发事件时得到及时有效的处理和保护,确保档案信息资源的安全性和可靠性。

(五)保障档案信息资源的信息安全

为了保障档案信息资源的信息安全,需要建立起完善的安全保障机制。这一机制应当包括加强数据加密技术,确保档案信息在传输和存储过程中不受到未经授权的访问和篡改。同时,还需要建立健全的权限管理系统,严格控制不同用户对档案信息资源的访问权限,防止信息泄露和滥用。为了应对各类安全风险和威胁,还需建立起一套完备的应急预案和灾难恢复机制,保障档案信息资源的安全性和可持续性。同时,应加强安全意识教育,提升档案信息资源管理人员和用户的信息安全意识,共同维护档案信息资源的安全与稳定。通过这些措施的落实,可以有效保障档案信息资源的信息安全,确保其合法、规范和高效利用。

三、提升档案信息资源的服务质量

(一)订立档案信息资源的服务标准

对于档案信息资源的服务标准,我们应该制定具体细化的措施,以确保档案信息资源的高效利用和管理。这包括建立统一标准化的档案信息服务流程,确保档案信息采集、整理、存储、检索、传递等环节符合规范;同时,应当加强对档案信息资源服务人员的培训和考核,提升其专业水平和服务质量;还要建立反馈机制,及时了解用户需求和意见反馈,不断优化档案信息资源的服务模式。只有通过订立明确的服务标准,才能有效推动档案信息资源的开发与利用,实现其最大价值和效益。

在订立档案信息资源的服务标准的基础上,我们还需要加强档案信息资源的安全保护措施,确保信息的机密性和完整性;同时,要建立档案信息资源的备份和恢复机制,以应对可能出现的意外情况,保障信息不会因故丢失或损坏。还应该加强档案信息资源的更新和维护工作,及时清理和更新过时信息,确保信息资源的全面性和准确性。

除此之外，我们还需要注重档案信息资源的共享与协作机制，促进不同部门之间的信息资源共享和交流，避免信息孤岛的存在，提高信息资源的整体利用效率。同时，应该加强档案信息资源的开放共享政策，鼓励公众参与档案信息资源的利用和管理，实现信息资源的广泛开放和共享。

我们还需要加强档案信息资源的质量评估和监督机制，定期对档案信息资源的服务标准进行评估和调整，确保服务标准的及时更新和完善。同时，建立健全的监督机制，对档案信息资源服务过程进行监督和评估，发现问题及时解决，提高服务质量和效率。只有通过全方位的管理和监督措施，才能真正实现档案信息资源的高效利用和管理，切实发挥其应有的作用和价值。

（二）完善档案信息资源的服务流程

在档案信息资源开发与利用的政策建议中，完善档案信息资源的服务流程是至关重要的一环。这不仅可以提升用户体验，还可以增加档案信息资源的使用效率。为此，我们可以通过优化档案信息资源的服务流程，简化操作步骤，提高服务效率，确保用户能够方便快捷地获取所需信息。同时，加强培训和指导，提升工作人员的服务意识和专业水平，以更好地满足用户需求。通过不断改进服务流程，我们可以更好地实现档案信息资源的共享和利用，提升整体服务质量，为用户提供更加优质的服务体验。

（三）加强档案信息资源的服务态度培训

在档案信息资源的开发与利用中，加强服务态度培训至关重要。通过提升服务态度，可以更好地满足用户需求，提高用户满意度。因此，建议在档案信息资源管理中心增设培训课程，包括服务宗旨、沟通技巧、问题解决能力等内容，以提升工作人员的服务意识和能力。定期组织服务态度培训，引导工作人员关注用户需求，主动提高服务质量，不断提升服务水平，积极响应用户意见和建议。通过加强服务态度培训，可以有效提升档案信息资源的服务质量，为用户提供更加优质、高效的服务。

（四）提升档案信息资源的服务效率

要提升档案信息资源的服务效率，首先需要建立高效的管理机制，确保档案信息资源的收集、整理、存储、检索等工作能够高效运作。应该加强信息技术的支持，利用先进的技术手段提升档案信息资源的处理速度和准确性。同时，可以建立智能化的服务系统，提供个性化的服务，提高用户满意度。加强人员培训，提升员工的专业素养和工作效率，也是提升服务效率的重要举措。定期对服务流程进行评估和调整，不断优化服务环节，提高服务效率。这些举措将有助于提升档案信息资源的服务效率，为用户提供更便捷、高效的服务体验。

四、强化档案信息资源的知识产权保护

（一）确立档案信息资源知识产权保护的法律制度

在档案信息资源开发与利用的政策建议中，确立档案信息资源知识产权保护的法律制度是至关重要的。只有通过法律制度的规范，才能有效保护档案信息资源的知识产权，促进档案信息资源的可持续发展。因此，建立健全的知识产权保护法律制度，明确定档案信息资源的知识产权归属和保护范围，维护档案信息资源的合法权益，保障档案信息资源的安全和稳定运行，是当前亟需解决的问题。同时，要继续加强与相关部门的沟通和协调，加快推进相关法律法规的修订和完善，为档案信息资源的开发和利用提供更为有力的法律支持。只有在法制建设的基础上，档案信息资源开发和利用工作才能更加顺利、高效地进行，为社会经济发展和文化传承作出更大的贡献。

在建立健全的知识产权保护法律制度的基础上，我们还需要重视档案信息资源的分类和标准化工作。只有通过对档案信息资源进行科学的分类和规范化管理，才能更好地实现知识产权的保护和有效利用。我们还应该加强对档案信息资源的数字化技术应用和安全保护，以应对不断发展的网络环境和信息化时代的挑战。在推进档案信息资源的数字化发展过程中，要重视信息安全和数据隐私保护，加强对档案信息资源的安全监管和风险防范，确保档案信息资源的完整性和可靠性。同时，加强档案信息资源的开放共享，促进各部门之间的信息共享和资源整合，推动档案信息资源的互联互通，助力知识产权保护的落实和档案信息资源的可持续利用。在整个档案信息资源开发与利用的过程中，要强化人才队伍建设，培养专业化、复合型的档案信息资源管理人才，提高他们的整体素质和专业技能，以适应日益变化的信息环境和技术需求。通过多方面的综合措施和策略，我们可以更好地推动档案信息资源的知识产权保护工作，为社会文化遗产的传承和发展做出更大的贡献。

（二）完善档案信息资源知识产权管理机制

为了进一步健全档案信息资源的知识产权管理机制，我们需要加强对知识产权的保护，建立更加完善的管理机制。这样可以更好地促进档案信息资源的开发和利用，保护知识产权，促进信息资源的绿色发展。同时，完善档案信息资源知识产权管理机制能够有效提高档案信息资源的质量和效益，推动档案信息资源的共享和流通，实现资源的最大化利用价值，为社会发展提供更多有力支撑。因此，需要建立健全的档案信息资源知识产权管理机制，以促进档案信息资源的更好发展，实现资源的优化配置和有效利用。

(三) 提高档案信息资源知识产权保护的意识

提高档案信息资源知识产权保护的意识是当前档案信息资源开发与利用工作中的重要一环。只有加强对知识产权保护的重视，才能有效防止档案信息资源被盗用、侵权等情况发生，确保档案信息资源的安全和可持续利用。各相关部门和机构应该共同努力，加强对知识产权的宣传教育，提高广大档案信息资源管理者和利用者对知识产权保护的认识和重视程度，同时建立健全的知识产权保护机制，加强对档案信息资源的监督和管理，确保知识产权不受侵犯。只有这样，才能更好地促进档案信息资源的开发利用，推动档案事业的健康发展。

(四) 保护档案信息资源的知识产权合法权益

保护档案信息资源的知识产权合法权益是当前档案管理工作中的重要任务。只有加强知识产权保护，才能确保档案信息资源的合法权益不受侵犯。建立完善的知识产权保护机制，是保护档案信息资源的有效途径。在档案信息资源的开发和利用过程中，应加强知识产权意识的培养，制定相关的法律法规和政策措施，加强对档案信息资源的知识产权保护工作。同时，要加强对档案信息资源的监管和管理，提高知识产权保护的法制化水平，加强知识产权意识的普及和宣传，提高档案信息资源的知识产权保护能力。只有通过不懈努力，保护档案信息资源的知识产权合法权益，才能更好地促进档案信息资源的开发和利用，推动档案事业的发展。

保护档案信息资源的知识产权合法权益至关重要，这需要我们加强对档案信息资源的监管和管理，确保知识产权保护工作的落实。在档案信息资源的开发和利用过程中，我们需要培养全员的知识产权意识，让每个人都能意识到知识产权的重要性。同时，制定相关的法律法规和政策措施也是至关重要的，只有这样才能保障档案信息资源的知识产权合法权益。我们还需要提高知识产权保护的法制化水平，加强对档案信息资源的法治管理，使知识产权保护工作更加有力有序。除此之外，宣传普及知识产权意识也是非常必要的，只有让更多人了解知识产权的重要性，才能让知识产权保护工作得到更好的贯彻和执行。通过不懈的努力，我们一定能更好地促进档案信息资源的开发和利用，推动档案事业的持续健康发展。

(五)促进档案信息资源的知识产权价值实现

为促进档案信息资源的知识产权价值实现,需建立起健全的知识产权保护机制,加强知识产权法律法规的宣传和普及,提高档案信息资源开发和利用者的知识产权意识。在档案信息资源的共享平台建设中,应加强对知识产权的管理和保护,确保各方的合法权益不受侵犯。同时,要推动知识产权的价值实现,需要将知识产权与实际经济社会发展相结合,积极探索知识产权在档案信息资源开发和利用中的有效应用,促进知识产权的创造、传播和转化,实现知识产权价值的最大化。只有这样,档案信息资源的知识产权价值才能得到充分实现,为经济社会的发展作出更大贡献。

五、实施档案信息资源的综合管理

(一)设立档案信息资源的综合管理机构

为了更好地推动档案信息资源的开发与利用,建议设立档案信息资源的综合管理机构。该机构将负责监督和指导档案信息资源的整体管理工作,制定相关政策和规范,推动档案信息资源的开放共享和利用。同时,该机构还将建立评估体系,加强档案信息资源的整合利用,推进多维度的信息资源利用。通过这样的机构设置,可以更有效地保障档案信息资源的管理质量,实现档案信息资源的综合管理和利用。

(二)完善档案信息资源的综合管理制度

在档案信息资源开发与利用的政策建议中,完善档案信息资源的综合管理制度至关重要。通过建立健全的管理制度,可以有效促进档案信息资源的整合利用和多维度利用。加强档案信息资源的管理保障,推动档案信息资源的共享平台建设也是非常重要的措施。只有通过综合管理制度的完善和实施,才能真正实现档案信息资源的最大利用价值,为社会发展和科研工作提供更多有效支持。

(三)加强档案信息资源的综合管理能力建设

加强档案信息资源的综合管理能力建设是当前档案工作的重要任务之一。只有不断提升管理能力,才能更好地发挥档案信息资源的作用,为社会经济发展和文化传承提供更加有力的支撑。在当前数字化信息时代,档案管理面临着新的挑战和机遇,需要加强综合管理能力建设,实现档案信息资源的高效利用和价值最大化。因此,在开展档案信息资源管理工作中,应该注重提升管理人员的专业素养,不断完善管理体制和机制,加强团队建设,推动档案信息资源管理工作走向深入。同时,还要注重引进先进技术和手段，不断提高信息化管理水平，加强数据安全和隐私保护，确保档案信息资源的可持续发展和长期保存。只有这样，才能更好地利用档案信息资源，促进社会繁荣和文化传承。

(四) 推动档案信息资源的综合管理创新

在档案信息资源开发与利用的政策建议中，推动档案信息资源的综合管理创新是至关重要的。通过制定政策，建立评估体系，加强整合利用，推进多维度利用，健全开放共享机制，推动共享平台建设，完善管理保障，实施综合管理等一系列措施，可以促进档案信息资源的综合管理创新。这将有助于提高档案信息资源的利用效率和质量，推动信息资源的数字化和网络化发展，满足社会各领域对信息资源的需求，推动档案事业的健康发展。

第六章 未来档案信息资源开发与利用研究的展望

第一节 未来档案信息资源发展趋势

一、数字化与网络化档案信息资源

(一) 开放获取档案数据库建设

未来档案信息资源发展趋势将主要体现在数字化与网络化档案信息资源方面。随着科技的不断进步，数字化将成为未来档案信息资源发展的主要趋势之一。数字化可以有效地保存和管理档案信息资源，并且便于检索和利用。网络化档案信息资源的建设也将成为未来的重点方向，通过网络化可以实现全球范围内的信息共享和交流，为研究人员提供更广泛的资源获取途径。

开放获取档案数据库建设将是未来档案信息资源开发的重要方向之一。开放获取的数据库建设将有助于增加档案信息资源的可访问性和透明度，促进信息资源的共享和利用。开放获取的数据库还能够提升档案信息资源的管理效率，促进档案研究的发展。未来，随着开放获取档案数据库建设的不断完善，档案信息资源的开发与利用将更加便捷和高效。

(二) 多样化的数字化档案信息呈现形式

数字化与网络化档案信息资源是未来档案信息资源发展的重要趋势之一。随着社会信息化的加速发展，传统纸质档案逐渐向数字化转变，通过数字化手段将档案信息保存、管理和传播。数字化档案信息资源不仅能够更好地保护和保存档案信息，还能够实现信息的高效利用和共享。网络化档案信息资源的兴起促使档案信息在全球范围内进行跨地域、跨国界的传播与交流，为研究者和学者提供了更广阔的信息资源。

未来的数字化档案信息呈现形式将更加多样化，不再局限于传统的文本、图片、音频、视频等形式，而会在技术的支持下涌现出更多创新的呈现方式。比如，虚拟现实、增强现实技术将为数字化档案信息的展示和体验提供更加直观、沉浸式的方式。同时，人工智能、大数据分析等技术的应用也将进一步丰富数字化档案信息的呈现形式，为用户提供更加个性化、智能化的信息服务体验。

总的来说，未来档案信息资源发展的趋势是数字化和网络化的发展，同时数字化档案信息的呈现形式也将更加多样化和创新化。这一趋势将为档案信息资源的开发与利用带来新的机遇和挑战，需要研究者和从业者不断探索和创新，不断提升数字化档案信息资源的质量和效益，以更好地满足社会对档案信息资源的需求。

（三）智能化信息检索与分析技术应用

未来档案信息资源发展趋势将更加趋向数字化与网络化，数字化的档案信息资源将更加便捷地在网络上进行传播和共享。同时，智能化信息检索与分析技术的应用将成为未来档案信息资源开发与利用的主要方向，帮助人们更加高效地获取所需信息并进行深入分析。这种智能化技术将大提升档案信息资源的管理与利用效率，为人们查询、研究和应用档案信息提供更多可能性。

（四）跨平台、跨终端的信息传播与利用

未来档案信息资源的发展趋势呈现出数字化与网络化的特点，数字化技术的应用使得档案信息资源得以更好地保存、管理和利用。数字化档案信息资源的建设不仅可以提高档案信息的可访问性和可持续性，还可以推动档案事业的智能化发展。同时，网络化档案信息资源的构建使得档案信息能够跨越平台、跨终端进行信息传播与利用，进一步拓展了信息资源的覆盖范围和传播渠道。跨平台、跨终端的信息传播与利用为档案信息资源的整合与共享提供了更加便利的途径，加快了信息资源的流通和传播速度，促进了信息资源的价值挖掘和创新利用。未来，随着技术的不断发展和应用，档案信息资源的数字化与网络化将不断深化，推动档案信息资源开发与利用研究迈向更加广阔的发展前景。

二、开放式档案信息资源共享与合作

（一）跨部门、跨机构的共享档案资源建设

在未来的发展趋势中，档案信息资源将向着开放式共享与合作的方向迈进。跨部门、跨机构的共享档案资源建设将成为未来发展的主要方向之一。这种共享与合作模式将使得不同部门和机构之间的信息资源得以互联互通，实现更高效的资源整合和利用。通过跨部门、跨机构的合作，可以避免信息孤岛的形成，提高信息资源的利用率与效益。这种方式的建设还能够促进档案资源之间的相互补充与协同，为更广泛的用户提供更丰富的信息资源，满足不同层次、不同领域的需求。未来，档案信息资源跨部门、跨机构的共享将成为发展的必然趋势，为各方带来更多的发展机遇和合作空间。

（二）国际间档案信息资源互通互用合作

未来档案信息资源发展趋势将朝着开放式的方向发展，倡导档案信息资源的共享与合作。在国际间，档案信息资源的互通互用合作将成为发展的主旋律。这种合作模式能够促进不同国家之间的信息资源交流与共享，推动档案信息资源的开发与利用。国际间的合作将有助于加强档案信息资源的管理与保护，促进档案事业的国际化进程。通过国际合作，可以更好地整合各国档案信息资源，丰富档案资源的内容与形式，提高档案信息资源的利用效率和水平。未来，国际间档案信息资源的互通互用合作将成为推动档案事业发展的重要动力，为档案信息资源的开发与利用提供更广阔的空间和更多的可能性。

（三）公众参与型档案信息资源开发

在未来的发展趋势中，档案信息资源将逐渐向开放式的共享与合作方向发展。这种开放式的模式可以促进不同机构之间的合作与资源共享，进而实现更大范围内的信息资源整合与利用。同时，公众参与型档案信息资源开发也将成为未来的重要趋势。公众参与可以让更多的人融入到档案信息资源的建设与管理中，从而实现档案资源的更广泛利用和传播。这种开放式的档案信息资源共享与公众参与型开发将为档案行业带来更多的创新与发展机遇，推动档案事业迈向更加辉煌的未来。

（四）行业间交叉整合档案信息资源

未来档案信息资源的发展趋势将呈现开放式共享与合作的趋势，不仅能够满足不同领域的信息需求，也有利于提高档案信息资源的利用效率。行业间的交叉整合将成为趋势，不同行业之间的档案信息资源互相整合，将会为相关行业带来更多的信息支持和资源优势。这样的趋势将有助于推动各行业间的交流与合作，促进不同行业的发展与创新。通过整合档案信息资源，可以更好地满足用户的需求，推动信息服务的进一步发展。未来的发展将呈现出更加多元化、开放式和合作性的特点，带来更多的机遇与挑战。

（五）知识产权保护与档案资源开放之间的平衡

未来档案信息资源发展的趋势是开放式档案信息资源共享与合作。在这种趋势下，人们能够更加便利地获取和利用档案信息资源，促进了信息的传播和共享。然而，随之而来的问题是如何在知识产权保护与档案资源开放之间取得平衡。保护知识产权是为了鼓励创新和研究成果的产生，而开放档案资源则是为了促进信息的自由流通和利用。如何在保护知识产权的前提下实现档案资源的开放共享是一个重要的议题。在未来的发展中，我们需要不断探索和完善相关政策和机制，以实现知识产权保护与档案资源开放之间的平衡，从而推动档案信息资源的持续发展和利用。

三、面向未来用户需求的档案信息资源开发

（一）多维度用户画像技术在档案资源利用中的应用

未来档案信息资源发展趋势将更加注重面向未来用户需求的档案信息资源开发。随着时代的变迁和科技的进步，用户对档案信息资源的需求也在不断变化，因此研究者需要更加注重用户需求的挖掘和满足。在这一过程中，多维度用户画像技术将扮演重要角色，通过分析用户的行为和偏好，构建更为精准的用户画像，为档案资源的利用提供更为有效的指导和支持。多维度用户画像技术的应用，将使档案资源的利用更加个性化和智能化，为用户提供更加贴合需求的服务和资源，推动档案信息资源开发与利用的进一步发展。

随着社会的不断发展和信息技术的迅速进步，档案信息资源的开发与利用正面临着新的挑战和机遇。未来，随着人们对信息的需求不断增长，档案资源的角色将变得更加重要。多维度用户画像技术的应用，将帮助档案馆更好地理解用户的需求和偏好，从而为用户提供更加优质和个性化的服务。

通过多维度用户画像技术的分析，档案馆可以更准确地把握用户群体的特点和需求，为用户提供更加有针对性的资源推荐和信息检索。这种个性化的服务模式不仅可以提升用户体验，也可以提高档案资源的利用率和效益。同时，多维度用户画像技术还能帮助档案馆进行资源的有效整合和管理，提高档案资源的利用效率和质量。

多维度用户画像技术的应用还可以促进档案资源的智能化发展。通过对用户行为和偏好的深度挖掘和分析，档案馆可以构建更为智能的推荐系统和信息检索引擎，为用户提供更加个性化和高效的服务。这种智能化的档案资源利用模式将有效提升用户体验，同时也为档案馆实现资源的精准匹配和快速检索提供了新的思路和方法。

多维度用户画像技术的应用将为档案信息资源的开发与利用带来新的机遇和挑战。随着技术的不断革新和用户需求的不断变化，档案馆需要不断探索和创新，充分利用多维度用户画像技术的优势，为用户提供更加优质和个性化的服务，推动档案信息资源的持续发展和进步。

(二)个性化服务模式下的档案信息资源开发

随着社会的发展和科技的进步,未来档案信息资源的发展趋势将更加多元化和智能化。面向未来用户需求的档案信息资源开发将成为主流,不仅满足用户获取信息的需求,更将引导用户发现未知信息和拓展知识视野。个性化服务模式下的档案信息资源开发也将成为发展的新趋势,通过大数据和人工智能技术,为用户提供个性化的信息推荐、检索和展示,实现信息资源的精准匹配和定制化服务。未来的档案信息资源开发将在不断创新中迎接更广阔的发展空间,为用户提供更便捷、高效、智能的信息获取体验,推动档案事业不断向前发展。

(三)大数据分析技术在档案信息资源开发中的应用

未来档案信息资源发展趋势将更加注重面向未来用户需求的档案信息资源开发。随着社会的快速发展和信息技术的迅猛进步,用户对档案信息资源的需求也变得更加多样化和个性化。未来的档案信息资源开发需要更加贴近用户需求,提供更加全面和个性化的服务。

同时,大数据分析技术在档案信息资源开发中的应用将成为未来的重要趋势。随着数据量的不断增加和技术的不断进步,大数据分析技术能够帮助档案机构更好地挖掘和利用档案信息资源的潜力,为用户提供更加准确、高效和个性化的服务。通过大数据分析技术,档案机构可以更好地理解用户需求,优化资源配置,提高服务质量,推动档案信息资源开发向更高水平的发展。

未来的档案信息资源发展将更加关注用户需求,并且会越来越多元化。随着科技的不断进步,大数据分析技术在档案信息资源开发中将扮演越来越重要的角色。这项技术可以帮助档案机构更好地了解用户的需求,从而提供更适合他们的个性化服务。通过大数据分析技术,档案机构可以更有效地挖掘和利用档案信息资源的价值,进一步提高服务的质量和效率。同时,大数据分析技术还可以帮助档案机构更好地优化资源配置,使档案信息资源开发更加智能化和精准化。

未来的档案信息资源开发将更加注重创新,不断推动行业向前发展。除了大数据分析技术,人工智能、云计算、物联网等技术也将在档案信息资源开发中得到广泛应用。这些技术的运用将极大地改变档案机构的工作方式和服务模式,为用户带来更丰富、便捷和个性化的体验。未来的档案信息资源开发将更加注重用户体验,更加注重技术创新,力求实现档案信息资源开发与用户需求的更好匹配。

未来档案信息资源的发展将更加倾向于跟随科技发展的步伐,更加关注用户需求,并借助大数据分析技术等先进技术不断提升服务水平和质量。随着社会的不断变化和技术的不断进步，档案机构需要不断创新，不断学习和应用新技术，才能更好地满足用户需求，推动档案信息资源开发向着更高水平迈进。

四、教育培训与档案信息资源开发

（一）档案信息资源利用能力培训

未来档案信息资源发展趋势是一个不断向前发展的过程，在这样一个过程中，教育培训将成为至关重要的一环。档案信息资源开发需要有专业知识和技能的支持，通过教育培训，可以提高从业人员的专业水平，使其更好地应对未来的挑战。档案信息资源利用能力培训将着重于培养学生的信息检索、分析和利用能力，使他们能够更好地利用档案信息资源为学术研究、社会管理和经济发展提供支持。这种培训不仅能够提升个人的职业素养，同时也能够促进整个行业的发展和进步。未来的档案信息资源利用能力培训需要更加注重实践能力的培养，通过实际操作和案例分析，帮助学生更好地掌握档案信息资源的利用方法和技巧。只有不断提高人才的素质和能力，才能更好地适应未来档案信息资源开发与利用研究的展望。

（二）创新性教学模式中档案信息资源的应用

未来档案信息资源发展趋势是与教育培训紧密相连的，档案信息资源的开发与利用将在教育领域扮演着越来越重要的角色。在创新性教学模式中，档案信息资源的应用将有助于提高教学质量和效果，为学生提供更多实践性的学习机会，激发他们的学习兴趣和潜力。通过创新的教学方法和档案信息资源的结合运用，将使教学内容更加生动有趣，帮助学生更好地理解和掌握知识。未来，随着技术的不断发展和档案信息资源的丰富化，档案信息资源的应用将成为教育培训的重要环节，为教育事业带来新的发展机遇和挑战。

（三）档案信息资源对教学科研的支撑作用

未来档案信息资源发展趋势将更加多样化和智能化，教育培训与档案信息资源开发将日益紧密结合，档案信息资源对教学科研的支撑作用也将得到更加深入的认识和应用。档案信息资源的积累和共享将为教学科研提供更丰富的数据支持，帮助研究人员更好地开展学术研究和教学工作。同时，未来档案信息资源的数字化和电子化水平将不断提高，为教育培训提供更便捷、高效的资源获取途径，有助于培养学生全面发展的能力和素质。在未来的发展中，档案信息资源还将通过各种技术手段和平台与教学科研结合，为教师和学生提供更个性化、定制化的学习和研究支持，促进教学科研水平的不断提升。最终，档案信息资源的不断创新与发展将为教育培训和教学科研带来更大的发展机遇和挑战，成为推动教育事业发展的重要支撑力量。

(四) 学科交叉背景下的档案信息资源利用

未来档案信息资源发展趋势将越来越受到重视，随着信息技术的不断发展和完善，档案信息资源的获取和利用将变得更加方便快捷。特别是在教育培训领域，档案信息资源的开发将起到至关重要的作用，为学生提供更丰富的学习资源和参考资料。同时，在学科交叉背景下，不同学科之间的知识和信息将得以更好地整合和交流，推动档案信息资源的利用和应用。因此，未来档案信息资源的开发与利用将面临更多的挑战和机遇，需要不断探索和创新。

五、档案信息资源开发与可持续发展之间的关系

(一) 环境保护与档案信息资源管理的关联

在未来，档案信息资源的发展将呈现出更加多样化和智能化的趋势。档案信息资源的开发与可持续发展密不可分，只有在可持续发展的基础上，档案信息资源才能发挥其最大的作用。环境保护与档案信息资源管理之间存在着密切的关联，环境保护意识的提升将促进档案信息资源管理的科学化和规范化。环保行动对档案信息资源的利用也将产生积极影响，促进社会绿色发展和环境可持续利用。档案信息资源管理与环境保护相辅相成，共同推动社会文化事业的发展和繁荣，构建更加和谐的社会环境。

(二) 社会经济发展中档案信息资源的应用案例

在社会经济不断发展的过程中，档案信息资源的作用日益凸显。通过对档案信息资源的充分开发和利用，可以为社会经济发展提供重要支撑。例如，在城市规划中，通过对历史档案信息资源的挖掘和分析，可以更好地了解城市发展的历史演变，为未来城市规划提供有益参考。在文化遗产保护方面，档案信息资源也发挥着重要作用。通过对相关档案资料的整理和利用，可以更好地保护和传承文化遗产，促进文化事业的发展。在金融领域，档案信息资源的应用也越来越广泛。通过对金融档案信息资源的管理和利用，可以提高金融数据的准确性和可靠性，为金融行业的发展提供支撑。总的来说，随着社会经济的不断发展，档案信息资源的应用案例将会越来越多样化，为各行各业的发展注入新的活力。

随着时代的进步和社会的不断发展，档案信息资源的应用案例在各个领域中得到了广泛的展开。在教育领域，通过挖掘和利用教育档案信息资源，可以更好地了解学生的学习历程和成长规律，为教育教学工作提供有效参考。在医疗卫生领域，档案信息资源的管理和利用可以帮助医护人员更精准地了解患者的病史和治疗情况，提高医疗服务质量。在科研领域，对科技档案信息资源的整理和利用可以促进科研成果的传播和分享，推动科技创新和发展。在环境保护领域，对环保档案信息资源的应用可以帮助监测和评估环境污染情况，保护生态环境，实现可持续发展。在政府管理方面，通过对政府档案信息资源的管理和利用，可以提升政府工作效率，增强政府的公信力和透明度。总的来说，档案信息资源的应用案例不仅在社会经济领域中发挥着重要作用，也在各个领域中展现着巨大的潜力，为社会的进步和发展注入新的动力。

（三）档案信息资源利用对可持续发展的影响

未来，随着科技的不断发展，档案信息资源将获得更广阔的应用场景和发展空间。档案信息资源的开发与可持续发展之间密不可分，只有将档案信息资源有效地管理和开发起来，才能实现可持续的发展。档案信息资源的利用对于可持续发展具有重要的影响，可以促进知识的传承和交流，推动社会文化的发展，同时也能为经济的增长提供支持和动力。在未来的发展中，档案信息资源的利用将成为推动可持续发展的重要引擎，为社会的进步和发展注入新的活力和动力。

第二节　档案信息资源利用技术发展趋势

一、人工智能与大数据在档案信息资源利用中的应用

（一）自然语言处理技术在档案资源利用中的作用

自然语言处理技术在档案资源利用中的作用将会在未来档案信息资源开发与利用中扮演重要角色，帮助档案管理者更高效地处理和利用信息资源。随着这一技术的不断发展和应用，档案信息资源的管理和利用将变得更加智能化和便捷化。通过自然语言处理技术，档案管理者可以更快速地检索和分类档案信息，实现信息资源的精准搜寻和有效利用。

自然语言处理技术也可以帮助档案管理者更深入地理解档案信息的内容和价值，从而更好地挖掘和利用这些信息资源。通过对文本数据的分析和处理，自然语言处理技术可以帮助档案管理者发现信息资源中隐藏的知识和信息，为档案信息资源的开发和利用提供更多可能性。

总的来说，自然语言处理技术在档案资源利用中的作用将会日益重要，为未来档案信息资源开发与利用带来更多的机遇与挑战。随着这一技术的不断演进和应用，相信档案信息资源的管理和利用将会变得更加高效和智能化，为社会的发展与进步提供更多支持与帮助。

（二）机器学习技术在档案信息资源中的应用

机器学习技术在档案信息资源中的应用越来越受到学术界和行业的关注。未来，随着技术的不断发展和创新，机器学习将在档案信息资源的处理和管理中发挥越来越重要的作用。与传统的人工处理相比，机器学习技术能够更高效地分析、组织和利用档案信息资源，为用户提供更加个性化、精准的服务。同时，随着大数据技术的不断普及和应用，机器学习将能够更好地挖掘档案信息资源中的潜在价值，为决策者提供更科学、更有效的决策支持。

在档案信息资源开发与可持续发展的过程中，机器学习技术的应用将对资源的利用效率和质量起到积极的促进作用。通过机器学习技术的智能化处理和分析，档案信息资源能够更好地满足不同用户的需求，推动档案信息资源开发与利用向着更加智能、便捷、个性化的方向发展。

人工智能在档案信息资源利用中的应用也将逐渐深化和完善。大数据技术的广泛应用为人工智能提供了更多的数据支持，使得人工智能在档案信息资源的解读、分析和应用方面能够更加准确、全面。未来，随着人工智能技术的不断成熟和推广，档案信息资源的利用效率和质量有望进一步提升，为档案管理工作带来更多的价值和可持续发展的动力。

总的来看，未来档案信息资源的发展趋势将会更加注重技术的应用和创新，机器学习技术、人工智能等新兴技术将成为推动档案信息资源开发与利用的重要驱动力，为档案信息资源的可持续发展提供更加坚实的基础和支撑。

机器学习技术在档案信息资源中的应用已经展现出了巨大的潜力和优势，能够在不同用户需求下发挥重要作用。通过人工智能的协助，档案信息资源的利用将更加智能、便捷、个性化，为用户提供更出色的体验。随着大数据技术的广泛应用，人工智能在档案信息资源的解读、分析和应用方面得以更加准确、全面地展现其价值。未来的发展趋势将更加注重技术的应用和创新，机器学习技术、人工智能等新兴技术将不断推动档案信息资源开发与利用，为档案管理工作带来更多的价值和可持续发展的动力。在人工智能技术的支持下，档案信息资源的利用效率和质量将继续提升，为用户带来更多便利和实用性。总体而言，档案信息资源的发展前景一片光明，技术的不断进步将为其可持续发展提供坚实的基础和支撑。

(三) 数据挖掘技术在档案信息资源中的应用

数据挖掘技术在档案信息资源中的应用是未来档案信息资源发展的重要趋势之一。随着社会信息量的不断增加，数据挖掘技术可以帮助挖掘出隐藏在海量数据中的有用信息，为档案管理和利用提供更有效的支持。同时，数据挖掘技术的应用也可以帮助提高档案信息资源的管理效率和质量，促进档案信息资源的可持续发展。在档案信息资源利用技术的发展趋势中，数据挖掘技术将扮演着越来越重要的角色。

由于人工智能和大数据技术的迅速发展，人工智能与大数据在档案信息资源利用中的应用也将逐渐增加。人工智能技术可以帮助档案管理者更好地利用档案信息资源，提高检索和管理效率。同时，大数据技术可以帮助分析和挖掘档案信息资源中的数据，为档案信息资源的开发与利用提供更全面的支持。未来，人工智能与大数据技术的应用将进一步推动档案信息资源利用技术的发展。

总体而言，未来档案信息资源的发展将与可持续发展密切相关，而档案信息资源利用技术的发展趋势也将受到数据挖掘技术、人工智能和大数据技术的影响。这些技术的应用将为档案信息资源的管理和利用带来新的机遇和挑战，推动档案信息资源的不断创新和发展。

(四) 区块链技术与档案信息资源管理

区块链技术作为一种新型的信息技术，被广泛应用于各行各业，包括档案信息资源管理领域。通过区块链技术，可以实现档案信息资源的去中心化管理和安全存储，确保档案信息的真实性、完整性和可信度。同时，区块链技术还可以提高档案信息资源管理的效率，简化信息共享和传递的流程，减少管理成本和风险。在未来，随着区块链技术的不断发展和完善，档案信息资源管理将更加高效、安全和便捷。

(五) 虚拟现实技术在档案信息资源利用中的创新

虚拟现实技术在档案信息资源利用中的创新展现了其独特的优势和巨大潜力。未来，随着技术的不断进步和发展，虚拟现实技术将在档案信息资源利用领域发挥越来越重要的作用。档案信息资源开发与可持续发展之间密不可分的关系也将因虚拟现实技术的应用而得到进一步加强。同时，档案信息资源利用技术的发展趋势也将呈现出更加多样化和智能化的特点，人工智能与大数据在档案信息资源利用中将发挥更大的作用，为研究者提供更广阔的研究思路和方法。虚拟现实技术的创新不仅丰富了档案信息资源的呈现形式，也提高了用户体验和数据分析的效率，为档案信息资源的利用带来了新的商机和发展机遇。

二、云计算与边缘计算在档案信息资源利用中的推动

(一)云端数据存储服务与档案资源管理

云端数据存储服务与档案资源管理将成为未来档案信息资源开发与利用的重要方向。随着云计算和边缘计算技术的不断发展，档案信息资源的存储和管理将更加智能化与便捷化，为用户提供更好的服务体验。同时，通过云端数据存储服务，档案信息资源的获取和共享也将更加便利，促进了档案信息资源的全面利用和传播。云端数据存储服务的不断完善和智能化管理，将为档案资源的长期保存和保护提供更加可靠的技术支撑，推动档案信息资源的可持续发展。在云计算与边缘计算技术的推动下，档案信息资源的利用技术也将不断更新与完善，为用户提供更多元化的信息服务。未来，云端数据存储服务将与档案资源管理紧密结合，共同推动档案信息资源的开发与利用进程。

随着云端数据存储服务和档案资源管理的深入融合，未来档案信息资源的开发与利用将迎来全新的机遇和挑战。云计算和边缘计算技术的不断进步，为档案信息资源的存储和管理带来了更加智能化和便捷化的解决方案。用户在获取和共享档案信息资源时将更加便利，促进了档案信息资源的广泛利用和传播。

随着云端数据存储服务的不断完善和智能化管理，档案资源的长期保存和保护将变得更加可靠。这将为档案信息资源的可持续发展提供坚实的技术基础。云计算与边缘计算技术的不断推动，将带来档案信息资源利用技术的更新与完善，为用户提供更加多元化和个性化的信息服务体验。

未来，云端数据存储服务将与档案资源管理更加紧密地结合，共同推动档案信息资源的开发与利用进程。通过不断创新和提升，档案信息资源将更好地满足用户的需求，促进知识的传承和创新的发展。云端数据存储服务与档案资源管理的协同作用，将助力未来档案信息资源行业迈向更高的发展层次，为社会文化的进步贡献更大的力量。

(二)边缘计算技术在档案信息资源传输中的优势

在未来，档案信息资源将呈现出多样化、数字化、智能化的发展趋势，不断丰富和完善，为社会和经济发展提供更为有效的支撑。档案信息资源的开发与可持续发展密不可分，只有不断创新开发新的资源，才能使得档案信息资源得以可持续利用。随着技术的不断进步，档案信息资源利用技术也呈现出日益智能化的发展趋势，为用户提供更为个性化、精准的信息服务。云计算和边缘计算作为新一代计算技术，在档案

信息资源利用中发挥着重要作用，推动了信息资源的快速传输和处理，提高了信息利用的效率和速度。边缘计算技术的优势在于有效提升了传输速度和数据安全性，为档案信息资源的传输提供了更为可靠的保障，进一步加速了信息资源的流通和共享。

（三）云计算安全技术在档案信息资源中的应用

云计算安全技术在档案信息资源中的应用：未来档案信息资源发展趋势将更加侧重于数字化和网络化的发展，档案信息资源开发与可持续发展之间的关系将变得更加密切。档案信息资源利用技术也将迎来新的发展趋势，云计算与边缘计算将成为推动档案信息资源利用的重要力量。云计算安全技术在档案信息资源中的应用将成为未来的重要方向，以保障档案信息的安全和可靠性。通过云计算安全技术的应用，档案信息资源将能够更好地服务于社会发展和管理需求。

随着科技的不断发展和进步，云计算安全技术在档案信息资源中的应用将会日益深入。未来的档案信息资源发展将更加数字化、网络化，数字技术将成为档案信息资源利用的重要手段。云计算与边缘计算的结合将为档案信息资源的利用带来新的可能性，提高档案信息资源的可用性和智能化水平。随着信息技术的飞速发展，档案信息资源的传统管理模式将逐渐被数字化、网络化的管理方式所替代，云计算安全技术将成为保障档案信息资源安全和可靠性的重要途径。

在未来的发展中，云计算安全技术将扮演着关键的角色，通过加密技术、访问控制等手段，确保档案信息资源的安全不受侵犯。同时，云计算技术的高效性和便捷性也将大提升档案信息资源的利用效率，实现信息共享与协同工作。通过云计算安全技术的应用，档案信息资源管理者将能够更好地掌握和利用档案信息资源，为社会发展和管理需求提供更加有力的支持。

随着时代的变迁和需求的不断增长，档案信息资源的重要性将日益凸显，而云计算安全技术的应用则将成为保障档案信息资源的重要保障。未来，随着技术的不断进步和创新，云计算安全技术在档案信息资源中的应用将不断深化，为档案信息资源的可持续发展注入新的活力，推动档案管理工作迈向更高的层次，更加服务于社会的发展和管理需求。

（四）互联网技术下的档案信息资源共享平台

未来档案信息资源发展趋势将不可避免地与档案信息资源开发与可持续发展之间的关系紧密相连。档案信息资源利用技术的发展趋势将推动云计算与边缘计算在档案信息资源利用中的应用。在互联网技术的支持下，档案信息资源共享平台将成为信息资源开发与利用的重要途径。

三、虚拟化技术与档案信息资源利用场景

（一）虚拟档案馆建设与档案信息资源展示

未来随着科技的不断进步，档案信息资源的开发与利用将迎来新的发展机遇。在这个过程中，档案信息资源的可持续发展将成为重要课题，而与之密切相关的是利用技术的不断创新。虚拟化技术将会为档案信息资源的利用场景带来新的可能性，并推动虚拟档案馆的建设。通过虚拟档案馆，档案信息资源将以更加直观、生动的方式呈现，从而提升信息资源的价值。这些发展趋势将为未来档案信息资源开发与利用带来全新的面貌，为学术研究和社会发展提供更加丰富、便捷的信息支持。

（二）虚拟档案资源库与数字档案管理

虚拟档案资源库是未来档案信息资源开发的重要方向之一，与数字档案管理密切相关。随着虚拟化技术的不断发展，虚拟档案资源库将成为档案信息资源利用的重要场所，为用户提供更加便捷、高效的档案访问和利用体验。数字档案管理的意义在于对档案信息资源进行有效的管理和保护，确保其长期可持续发展。在这种背景下，档案信息资源的开发与可持续发展之间的关系将逐渐被人们所重视，以推动档案信息资源的综合利用。未来档案信息资源利用技术也将不断创新和突破，为用户提供更加智能化、个性化的档案信息服务。通过虚拟化技术与数字档案管理的结合，未来的档案信息资源利用场景将得到进一步拓展和提升，为促进档案信息资源的精细化管理和优化利用提供更加有力的支撑。

（三）虚拟现实应用场景中的档案信息资源展示

虚拟现实应用场景中的档案信息资源展示：在未来的发展中，档案信息资源将呈现出更加多样化和个性化的特点，与可持续发展之间将建立更加紧密的联系。利用技术将不断创新和发展，为档案信息资源的利用带来更加便捷和高效的体验。虚拟化技术的应用将为档案信息资源的利用场景带来更广阔的空间和可能性，也将在虚拟现实应用场景中展示出档案信息资源的丰富内涵和深远意义。

（四）个性化信息服务与虚拟化技术结合的档案资源利用

未来档案信息资源的发展趋势是不可逆转的，与可持续发展密不可分。档案信息资源的开发和利用技术正朝着更加智能、高效、个性化的方向发展，虚拟化技术在档案信息资源利用场景中扮演着越来越重要的角色。个性化信息服务与虚拟化技

术的结合,为档案资源的利用带来了更多可能性和便利性,将推动档案信息资源的开发与利用迈向一个全新的阶段。

(五)异构信息资源融合虚拟化技术应用

在未来,档案信息资源将呈现出多样化的发展趋势,与可持续发展之间密不可分的关系将进一步得到强化。档案信息资源利用技术也将随着科技的进步不断更新发展,虚拟化技术的应用将为档案信息资源的利用场景带来更加广泛和深入的变革。异构信息资源融合虚拟化技术的应用,将为未来的档案信息资源开发与利用提供更为全面和高效的解决方案。

四、物联网技术与档案信息资源利用创新

(一)智能传感器在档案信息资源监测中的应用

智能传感器作为物联网技术的重要组成部分,可以在档案信息资源监测中发挥关键作用。通过实时监测和收集数据,智能传感器可以帮助机构管理者更好地了解档案信息资源的存储状况、使用频率以及保存环境等情况。对于一些特殊的档案资料,比如古籍文献或珍贵档案,智能传感器的应用更显得尤为重要。

智能传感器的优势在于其可以实现远程监测和自动数据采集,减轻了人工干预的负担;同时,智能传感器的数据采集精度高,能够提供更加准确和全面的信息,为档案信息资源的管理决策提供更有力的支持。智能传感器还可以实现数据的自动化处理和分析,帮助机构管理者更好地了解档案信息资源的使用模式和未来发展趋势。

然而,智能传感器在档案信息资源监测中也存在一些局限性。智能传感器的安装和维护成本较高,对机构的资金和人力资源需求较大;智能传感器在某些特殊环境下工作效果可能会受到影响,需要不断优化和改进技术方案;智能传感器所采集的数据需要进行合理的分析和利用,否则可能导致信息的冗余和浪费。

智能传感器在档案信息资源监测中的应用具有重要意义,能够为机构管理者提供更多的信息支持和决策参考。随着科技的不断发展和进步,相信智能传感器在档案信息资源开发与利用领域将有更广阔的应用前景。

智能传感器的应用在档案信息资源监测领域的重要性不言而喻。然而,除了以上提到的局限性外,还有一些其他问题也需要引起关注。例如,智能传感器所涉及的隐私和数据保护问题,以及可能带来的信息安全风险。在传感器技术的快速发展下,如何确保传感器技术与档案管理的需求相匹配也是一个挑战。因此,相关领域

的专家和研究者需要加强合作，共同探讨智能传感器在档案信息资源监测中的优势和不足，以寻求更好的解决方案。

智能传感器在档案信息资源监测中的应用还需要考虑到数据的可靠性和准确性。传感器所采集的数据可能受到环境因素和设备故障的影响，因此需要建立健全的质量控制和数据校验机制，以确保数据的真实性和可靠性。同时，也需要制定相关的数据处理和分析标准，以提高数据利用的效率和有效性。

在未来，随着智能传感器技术的不断创新和完善，相信智能传感器在档案信息资源监测中的应用将会越来越广泛和深入。通过不断优化技术方案和加强研究合作，智能传感器将能够为档案管理领域带来更多的机遇和挑战，促进档案信息资源的更好管理和利用。愿智能传感器在档案信息资源监测领域的应用取得更大的成就，为档案管理事业做出更加积极的贡献。

(二) 物联网数据采集与档案信息资源整合

物联网技术的快速发展为档案信息资源的开发与利用带来了新的机遇和挑战。物联网数据采集技术的不断完善和智能化，使得各类设备可以实时采集、传输和存储大量的数据。这些数据不仅可以用于监测和控制设备的运行，还可以为档案信息资源的整合提供更多的信息来源。

物联网数据采集与档案信息资源整合的结合，可以实现档案信息资源的动态更新和多维度利用。通过物联网技术，档案管理部门可以实时了解各类档案信息的存储、传输和访问情况，实现对档案信息资源的全面管理和控制。物联网数据采集还能够帮助档案管理部门更准确地定位和追踪档案信息资源的流动路径，提高档案信息资源的安全性和可追溯性。

随着物联网技术的不断发展，档案信息资源的利用技术也将呈现出多样化和智能化的趋势。例如，基于物联网技术的智能搜索引擎可以帮助用户更快速地找到所需的档案信息资源，提高档案信息资源的利用效率和便利性。同时，物联网技术还可以为档案信息资源的数字化、虚拟化和智能化提供更多的技术支持，推动档案信息资源利用模式的创新与发展。

在未来，随着物联网技术与档案信息资源的深度融合，档案管理部门将面临更多挑战和机遇。如何更好地利用物联网技术实现档案信息资源的开发和利用，将成为档案管理部门需要重点关注和研究的问题之一。只有不断探索和创新，才能更好地利用物联网技术为档案信息资源的开发与利用开辟新的空间和可能性。

随着物联网技术与档案信息资源的深度融合，档案管理部门将面临更广阔的发展空间。通过物联网技术的运用，档案信息资源的管理将更加高效和便利。例如，利用物联网技术,可以实现档案信息资源的自动化整理和分类,使其更易于管理和检索。同时,物联网技术还可以帮助档案管理部门更好地保护数据隐私和安全,加强信息资源的可持续利用和保护。

物联网技术的应用也将推动档案信息资源利用模式的创新与发展。通过物联网技术,档案管理部门可以更好地了解用户需求,提供更加个性化和定制化的服务。同时,通过实时监测和反馈,档案管理部门可以及时调整服务策略,提升用户体验和满意度。物联网技术的智能化特点也将为档案管理部门提供更多可能性,如利用大数据分析优化档案信息资源的开发和利用,进一步提升档案管理效率和服务质量。

随着物联网技术的持续发展和创新,档案管理部门将迎来更多的机遇和挑战。只有不断引入物联网技术,不断探索和创新,档案管理部门才能更好地适应时代潮流,提升档案信息资源的管理水平和服务质量,为社会提供更优质的信息服务。

(三) 物联网技术下的档案信息资源安全管理

物联网技术的快速发展为档案信息资源的利用和管理提供了全新的机遇和挑战。随着物联网技术在各领域的广泛应用,档案信息资源的管理也面临着越来越多的安全风险。传统的安全管理措施往无法满足新形势下的需要,尤其是在大数据时代,档案信息资源的安全管理变得更加复杂和困难。

物联网技术的普及使得档案信息资源的获取和传输更加便捷,但同时也带来了数据泄露、信息篡改等安全隐患。如何有效地保护档案信息资源的安全性,成为当前亟待解决的问题之一。随着人工智能、云计算等新技术的不断发展,档案信息资源的管理模式也将发生深刻变革,对于传统的安全管理措施提出了更高的要求。

因此,我们必须认识到物联网技术对档案信息资源安全管理所带来的挑战,并及时调整我们的管理思路和方法。只有不断与时俱进,才能更好地利用物联网技术的优势,确保档案信息资源的安全管理工作能够顺利进行,为社会发展和进步提供有力的支持。愿意共同探讨这一问题的相关专家学者和从业人员共同努力,共同促进档案信息资源的健康发展和利用。

(四) 区块链技术与物联网档案信息资源传输

区块链技术作为一种分布式数据库技术,具有信息传输安全、可追溯性和去中心化的特点,在物联网档案信息资源传输中发挥着重要作用。通过区块链技术,可以确保档案信息的传输过程中数据不被篡改,信息传输的安全性得到了有效保障。区块链技术还能够提高传输信息的可靠性,确保档案信息资源在传输过程中的完整性和准确性。

在物联网档案信息资源利用过程中，区块链技术还能够实现对信息的去中心化管理和控制。通过区块链技术，不同的参与方可以共享档案信息资源，而无需信任第三方机构。这种去中心化的管理方式不仅提高了信息传输的效率，同时也能够保证信息资源的可信度和真实性。

总的来说，区块链技术在物联网档案信息资源传输中的作用是不可替代的。它为信息传输提供了更加安全和可靠的保障，同时也为信息资源的管理和利用提供了全新的思路和方式。随着区块链技术的不断发展和应用，相信在未来的档案信息资源开发与利用领域将会迎来更加广阔的发展空间和应用前景。

区块链技术的应用为物联网档案信息资源传输带来了革命性的变化。在去中心化管理和控制的基础上，不同参与方之间可以实现快速、安全、可靠的信息共享。这种高效的信息传输方式不仅提升了整个系统的效率，同时也保障了信息资源的完整性和准确性。

通过区块链技术，档案信息资源的管理变得更加透明和安全。每一次传输都被记录在不可篡改的区块中，确保信息的真实性和可信度。由于信息在整个传输过程中都进行了加密处理，第三方无法获取信息内容，也就保障了信息的隐私性。

区块链技术还为档案信息资源的管理提供了全新的思路。通过智能合约等技术手段，可以实现信息资源的自动化管理和智能化运营。参与方之间的交易和合作都可以在区块链上得到准确记录和追踪，进一步提升了整个系统的透明度和可操作性。

随着区块链技术的不断发展和应用，物联网档案信息资源传输的方式将会更加多样化和先进化。未来，随着区块链技术与其他前沿技术的深度融合，相信物联网档案信息资源的传输和管理将会迎来更加繁荣的发展。这种技术革新不仅将为各行各业带来更多便利和效益，也将推动整个社会信息化进程的进一步发展。

第三节　未来档案信息资源开发与利用的政策保障

一、法律法规对档案信息资源开放利用的规范

（一）数据开放政策对档案信息资源管理的影响

数据开放政策对档案信息资源管理的重要性不言而喻。通过数据开放政策，档案信息资源可以更加便捷地被共享和利用，促进信息资源的流通和交换，加快信息的传播速度。这种政策也可以鼓励更多的机构和个人参与到档案信息资源管理中来，推动档案信息资源的更新和完善。

然而，数据开放政策也带来一些挑战。档案信息资源的开放可能会涉及到隐私和安全等方面的问题，需要加强对数据的保护措施。开放的数据可能会导致信息过载的问题，需要制定相应的筛选和管理机制来保证数据的准确性和有效性。不同机构之间对数据的定义和标准也可能存在差异，需要建立统一的标准和规范。

然而，数据开放政策也带来了巨大的机遇。通过开放数据，可以更好地促进创新和合作，激发档案信息资源的潜力，培育新的商业模式和产业链条。同时，开放的数据也能够更好地服务于社会公众，满足不同用户的需求，提高信息资源的利用效率。

因此，档案信息资源管理者需要认真研究数据开放政策对自己工作的影响，抓住机遇，应对挑战，确保档案信息资源的开发与利用能够顺利推进并取得更好的效果。

在当前信息爆炸的时代，数据的开放政策对档案信息资源管理产生了深远的影响。一方面，数据隐私和安全问题仍然是管理者需要高度关注的焦点。另一方面，信息过载的困扰也需要管理者思考如何筛选和管理数据，以确保数据的准确性和有效性。不同机构之间数据定义和标准的差异也需要引起重视，统一标准和规范的建立势在必行。

然而，数据开放政策也为档案信息资源管理带来了难得的机遇。通过数据的开放共享，不仅可以促进创新和合作，激发信息资源的潜力，还可以培育新的商业模式和产业链条。开放的数据也能够更好地服务社会公众，满足各类用户的需求，提高信息资源的利用效率。

在这一背景下，档案信息资源管理者需要认真研究数据开放政策所带来的影响，并紧抓住机遇，积极应对挑战，以确保档案信息资源的开发与利用顺利推进并取得更好的效果。只有不断改进管理策略，不断完善管理体系，才能更好地适应和引领信息化时代的潮流，让档案信息资源管理工作更有价值、更具影响力。

(二) 隐私保护法规在档案信息资源利用中的重要性

隐私保护法规在档案信息资源利用中的重要性不可忽视。在互联网时代，个人隐私泄露的风险不断增加，尤其是档案信息资源中可能涉及大量敏感个人信息。因此，隐私保护法规的制定和执行对于保护个人隐私权益、防范个人信息泄露具有至关重要的意义。

然而，当前隐私保护法规的不足也显而易见。一方面，随着技术的发展和应用，个人信息泄露的渠道越来越多样化、隐蔽化，现行的隐私保护法规往无法涵盖所有情形。另一方面，有些法规制定过于笼统，对具体操作缺乏明确规定，难以确保档案信息资源的利用不会侵犯个人隐私权益。

因此，我们需要进一步完善隐私保护法规，提高相关法规的适应性和针对性。只有在法律法规的规范下，档案信息资源的开发和利用才能实现真正的可持续发展。同时，对于档案信息资源的利用者来说，也应当自觉遵守法律法规，加强个人信息保护意识，确保档案信息资源的合法使用，避免侵犯他人隐私。

总的来说，隐私保护法规在档案信息资源利用中的作用至关重要。只有通过不断完善法律法规，加强监督执法，强化个人信息保护，才能有效保障档案信息资源的开发和利用不会侵犯个人隐私权益，推动档案信息资源行业的健康发展。

(三) 电子签名法规对数字档案信息资源的保障

电子签名法规在数字档案信息资源的保障中具有重要地位和作用。电子签名是指用来代替传统手写签名并具有同等法律效力的一种电子数据。在数字档案信息资源中，电子签名可以确保信息的真实性、完整性和不可抗篡性，有效防止信息被篡改或伪造。

电子签名法规定了电子签名的有效性和使用范围，保障了数字档案信息资源的可靠性和安全性。通过电子签名，数字档案信息资源的确权和安全得以加强，促进了数字档案信息资源的开发和利用。

电子签名法规的实施对数字档案信息资源的保障效果显著。它不仅可以有效防止信息被篡改、伪造，提高数字档案信息资源的可信度和可靠性，还可以降低信息安全风险，保护用户的权益和利益。

总的来说，电子签名法规在数字档案信息资源保障中发挥着重要的作用，为数字档案信息资源的开发和利用提供了有力支持。随着信息技术的不断发展和完善，电子签名法规在数字档案信息资源保障中的地位和作用将得到进一步加强，为数字档案信息资源的发展注入新的活力和动力。

(四) 知识产权保护法律在档案信息资源开放中的作用

知识产权保护法律在档案信息资源开放中的作用是非常重要的。它可以有效保护档案信息资源的知识产权，确保合法权益不受侵犯。同时，这些法律也可以规范档案信息资源的开放利用，促进信息资源的有序流通和共享。通过强化知识产权保护法律在档案信息资源开放中的执行，可以有效提高信息资源的可信度和可靠性，推动档案信息资源行业的健康发展。在未来，随着技术的不断进步和档案信息资源的不断增加，知识产权保护法律的作用将更加凸显，成为维护档案信息资源领域稳定与健康发展的重要保障。

二、国际标准与档案信息资源开发

（一）国际档案信息资源交换标准的作用

国际档案信息资源交换标准的作用在于规范和统一不同国家、不同组织之间的信息交流和共享，促进全球档案信息资源的互联互通。这些标准可以帮助确保档案信息资源的准确性、完整性和一致性，提高信息检索和利用的效率和质量。同时，这些标准还可以促进各国档案机构之间的合作与交流，推动档案信息资源的跨境合作和共享，促进档案信息资源的全球化发展。通过遵循这些标准，可以进一步提升档案信息资源的整体管理水平和服务质量，实现档案信息资源的最大化利用和价值创造。

（二）国际知识产权标准与档案信息资源合作

国际知识产权标准与档案信息资源合作的意义在于促进档案信息资源的共享和交流，推动跨国合作与创新发展。通过遵守国际标准和知识产权规定，可以确保档案信息资源的合法利用，提高信息资源的质量和可信度，促进档案信息资源的互联互通。同时，国际知识产权标准的合作也有助于解决档案信息资源开发过程中可能遇到的法律、政策和技术问题，为档案信息资源的可持续发展提供保障与支持。

在档案信息资源合作中，国际知识产权标准可以帮助各国之间建立起相互信任的合作关系，促进档案信息资源的共享与开放。遵守国际标准可以提高档案信息资源的可访问性和可持续性，有利于推动全球档案信息资源的统一管理和利用。国际知识产权标准与档案信息资源合作的深入有助于扩大档案信息资源的国际影响力，促进全球档案信息资源的共同繁荣与发展。

国际知识产权标准与档案信息资源合作对于未来档案信息资源的开发与利用具有重要意义。只有通过国际标准与合作，才能实现档案信息资源的全球共享与互联互通，促进档案信息资源的可持续发展和利用。希望未来各国可以加强合作，共同推动档案信息资源的全球化发展，为人类社会的进步与发展做出更大的贡献。

（三）跨境档案信息资源合作的标准化

未来档案信息资源发展趋势将会呈现出多元化和数字化发展的特点。档案信息资源的开发与可持续发展密不可分，需要充分考虑资源的保存和传承问题。随着技术的不断进步，档案信息资源利用技术也将会不断更新和完善，为用户提供更加便捷和高效的服务。物联网技术的应用与档案信息资源的利用将会带来更多创新和可能性，为档案信息资源的开发与利用提供新的思路和方法。未来政策的保障将对档案信息资源开发与利用起到重要的支持和推动作用，为档案事业的发展提供坚实的基础。国际标准的制定与档案信息资源开发将促进档案领域的合作与交流，提高资源的共享和利用效率。跨境档案信息资源合作的标准化将为不同国家间的资源共享和合作提供规范和保障，推动档案信息资源的跨国合作迈入新的阶段。

(四) 合作条约对档案信息资源开发的推动

合作条约对档案信息资源开发的推动，将促进不同国家之间的档案信息资源共享与合作，促进档案事业的全球化发展。通过加强国际间的合作，可以更好地利用和开发各国档案信息资源，推动档案信息资源的互联互通与整合利用。同时，合作条约还将为档案信息资源开发提供更广阔的发展空间，拓展档案信息资源的应用领域，促进档案信息资源的全面开发与利用。通过签订合作条约，将有助于加强各国之间的信任与合作意识，共同推动档案信息资源的发展与利用，实现档案信息资源的可持续发展。

(五) 国际信息标准与档案信息资源共享的关联

国际信息标准与档案信息资源共享的关联，将会成为未来档案信息资源开发与利用的重要方向。随着物联网技术的不断发展，档案信息资源利用技术也将得到进一步提升。在这个背景下，档案信息资源开发与可持续发展之间的关系将得到更加紧密的结合，为未来的档案信息资源开发奠定坚实的基础。同时，政策保障也将成为推动档案信息资源开发与利用的重要驱动力。国际标准的制定和执行将有助于档案信息资源的共享与交流，进一步推动未来档案信息资源的发展。

在当今信息化时代，国际信息标准与档案信息资源共享的关联日益凸显，为档案信息资源的开发与利用提供了重要指导。随着互联网的普及和发展，档案信息资源的利用方式也在不断创新，如数字化档案、虚拟档案馆等形式不断涌现。这些新的技术手段为档案信息资源的开发和利用提供了无限可能，也为档案信息资源的可持续发展打下了坚实基础。

未来，随着5G、人工智能等新一代技术的不断渗透和应用，档案信息资源的开发与利用将迎来新的机遇和挑战。在这个过程中，国际信息标准的制定和执行将扮演越来越重要的角色，为档案信息资源的共享和交流提供保障。政策的持续倡导和支持也将成为推动档案信息资源开发与利用的重要力量，为实现档案信息资源的可持续发展注入活力。

同时，档案信息资源的开发与利用还需要注重数据安全和隐私保护，确保信息资源的合法合规。在全球化背景下，各国之间的合作与交流愈发频繁，国际信息标准的统一将有助于促进档案信息资源的跨境共享和互联互通，进一步推动档案信息资源的繁荣发展。

总的来说，国际信息标准与档案信息资源共享的关联不仅为档案信息资源的开发与利用指明了方向，也为档案信息资源行业的健康发展注入了新的动力。未来的档案信息资源将更加丰富多样，为人们的学习、研究和生活提供更多便利和支持。愿档案信息资源的未来更加美好！

三、政府政策与档案信息资源管理

（一）档案信息资源管理政策对公共服务的支持

档案信息资源管理政策对公共服务的支持非常关键。政府的政策导向对于档案信息资源的管理和利用起着重要的引导作用。未来，随着社会信息化的不断推进，政府将进一步加大对档案信息资源的管理力度，加强对档案信息资源开发利用的政策支持。这将促进档案信息资源的规范管理和合理利用，有利于提高信息资源利用的效率和质量。同时，政策的支持也将促进公共服务的创新与升级，将档案信息资源更好地融入公共服务中，实现更高效便捷的公共服务模式。在政策引导下，档案信息资源管理将更好地服务于社会发展需求，促进公共服务水平的提升和社会治理能力的提高。

（二）地方政府对地方档案信息资源的管理与服务

地方政府对地方档案信息资源的管理与服务在未来将扮演越来越重要的角色。随着社会信息化程度的不断提高，档案信息资源管理将面临更大压力和挑战。地方政府应加强对地方档案信息资源的管理，提高信息资源的整合利用效率，实现信息资源的共享和互联互通。同时，地方政府还应加强档案信息资源的服务意识，将档案信息资源管理工作转变为档案信息资源服务工作，为社会各界提供更加便捷、高效的档案信息资源服务。地方政府对地方档案信息资源的管理与服务必须与时俱进，不断创新管理服务模式，提高管理服务水平，为地方档案信息资源的开发和利用提供更加有力的支持和保障。

（三）政府数据开放政策与档案信息资源共享

政府数据开放政策与档案信息资源共享是未来档案信息资源发展的重要方向之一。政府数据开放政策的实行，将促进档案信息资源的共享与交流，进一步拓展了档案信息资源的利用范围。政府数据的开放与透明度将为档案信息资源的管理提供更多可能，同时也为档案信息资源的利用提供了更广阔的空间。实现政府数据的开放，将加速档案信息资源与社会、经济、科技等领域的融合发展，为各行各业的创新与进步提供更多的机会。

在政府数据开放政策的支持下，档案信息资源管理将更加规范与高效。政府数据的开放将为档案信息资源的管理提供更多的参考依据，为档案信息资源的整合与共享提供更大的支持。政府数据的开放政策还将促进档案信息资源的更新与优化，推动档案信息资源的可持续发展。通过政府数据和档案信息资源的共享，不仅可以提升档案信息资源的利用效率，还可以促进档案信息资源的跨领域应用，推动档案信息资源的创新与发展。

总的来看，政府数据开放政策对档案信息资源的发展与利用具有重要意义。政府数据的开放将为档案信息资源打开更广阔的发展空间，为社会创新与进步注入更多动力。政府数据开放政策与档案信息资源共享的深度融合，将为未来档案信息资源开发与利用提供更加坚实的政策保障和支持。政府及相关部门应加强政策的制定与执行，不断完善政府数据开放政策，为档案信息资源的共享与利用创造更加良好的环境和条件。只有在政府数据开放政策的引领下，档案信息资源才能实现更大的发展与价值。

政府数据开放政策与档案信息资源共享是当前信息资源领域的热门话题。政府数据的开放不仅可以提升档案信息资源的利用效率，还有助于促进档案信息资源的跨领域应用，推动其创新与发展。这种深度融合对信息资源的可持续发展具有重要意义。

随着科技的不断进步和社会的发展，政府数据的开放为档案信息资源的发展开辟了更加广阔的空间。通过政府数据的共享，档案信息资源得以更好地服务于社会创新和进步，助力各行各业的发展。政府数据开放政策与档案信息资源共享的结合，为档案资源的开发和利用提供了坚实的政策支持和法律保障。

为了实现政府数据开放政策与档案信息资源共享的良好效果，政府相关部门应当加强政策的制定和执行力度，不断完善政府数据的开放政策。只有在这样的环境下，档案信息资源才能充分发挥其潜力，实现更大的发展和价值。

未来，政府数据的开放政策将持续推动档案信息资源领域的创新与发展，为社会的可持续发展注入动力。政府和相关部门需要密切合作，共同促进政府数据开放政策与档案信息资源共享的深度融合，为构建信息化社会和数字化时代提供有力支持。在不断探索和实践中，政府数据和档案信息资源的共享与利用将迎来更加美好的未来。

(四)行政机构档案信息资源管理与政策解读

行政机构在档案信息资源管理和政策解读方面起着重要作用。随着信息化技术的不断发展,行政机构需要不断更新管理方法和政策,以更好地保护和利用档案信息资源。这不仅可以提高办公效率,还可以促进信息共享和知识传播。因此,行政机构需要密切关注档案信息资源管理的新趋势和需求,及时调整政策方向,以适应信息时代的发展需要。同时,政府政策的支持和引导也是档案信息资源发展的重要保障,有利于规范管理和促进资源的可持续利用。在这一过程中,行政机构需要紧密合作,加强信息资源管理的协调和整合,以推动档案信息资源开发与利用工作取得更大的成果。

行政机构在档案信息资源管理和政策解读方面的重要作用不容忽视。随着社会不断向信息化发展,行政机构需要不断更新管理方法和政策以提高档案信息资源的保护和利用效率。同时,行政机构也需要密切关注新的管理趋势和需求,并及时调整政策方向以适应信息时代的发展需求。政府政策的支持和引导是档案信息资源发展的重要保障,有利于规范管理和促进资源的可持续利用。行政机构还需要加强协作,推动信息资源管理的协调和整合,以推动档案信息资源开发和利用工作取得更大的成果。在这个过程中,行政机构需要保持谨慎、专注和高效,不断提升自身管理水平和服务质量,以更好地发挥在档案信息资源管理和政策解读方面的关键作用。

(五)非营利机构档案信息资源管理政策支持

针对非营利机构档案信息资源管理政策的支持,未来将重点加强政策制定和执行力度,以促进档案信息资源的合理管理和有效利用。同时,政府将加强对非营利机构档案信息资源管理的监督和指导,确保政策的有效实施并最大程度地发挥政策支持的作用。政府还将倡导和支持非营利机构开展档案信息资源的数字化、网络化和智能化建设,推动档案信息资源管理水平和服务能力的提升。通过政策支持,非营利机构将更好地利用档案信息资源,为社会公众提供更优质、更高效的档案信息服务。

四、教育培训政策与档案信息资源利用

(一)教育部门对档案信息资源利用的支持政策

教育部门在未来将会逐步加大对档案信息资源利用的支持力度,通过相关政策和资金投入,促进档案信息资源的开发和利用。同时,教育部门将加强对档案信

息资源利用技术的研究和推广，推动档案信息资源与教育培训的深度融合，促进教育事业的发展和优质资源的共享。通过不断完善政策措施，教育部门致力于搭建一个更加开放、共享的档案信息资源平台，为教育教学提供更加全面、便捷的支持和保障。

（二）档案信息资源利用专业培训课程设立

未来档案信息资源发展趋势主要是与可持续发展息相关，利用技术也将不断发展，特别是物联网技术的创新将为档案信息资源利用带来前所未有的机遇。政策保障和教育培训政策的制定对于未来档案信息资源的开发与利用至关重要，因此，应该设立相关的档案信息资源利用专业培训课程，以培养更多的专业人才，以应对未来档案信息资源利用的需求。

（三）教育政策对档案信息资源继续教育的推动

档案信息资源开发与利用是当今社会信息化建设的重要组成部分，未来档案信息资源的发展趋势将更加多元化和智能化。档案信息资源的开发与可持续发展之间密不可分，只有通过不断创新和完善，才能更好地服务社会各行各业。随着技术的不断进步，档案信息资源利用技术也将不断更新换代，为用户提供更优质的服务体验。物联网技术的发展将为档案信息资源的利用带来新的创新，实现更便捷、高效的信息检索和管理。未来，政策保障将为档案信息资源的开发与利用提供更有力的支持，为行业发展奠定坚实基础。教育培训政策对档案信息资源的利用也将起到重要作用，促进人才培养和行业发展。教育政策的不断推动将进一步促进档案信息资源继续教育的发展，推动行业向前发展。

教育政策的推动不仅只是为了促进档案信息资源继续教育的发展，更是为了整个档案信息资源行业的健康发展和创新。在不断变化的信息化社会中，只有不断学习和提升自身素质，才能跟上时代的步伐，更好地服务社会。因此，教育培训政策的重要性不言而喻。

随着社会的发展，档案信息资源的开发与利用将日益多元化，教育政策必须与时俱进，不断调整和完善，以适应行业的发展需求。只有通过教育政策的持续推动，才能培养出更多优秀的档案信息资源人才，推动整个行业朝着更加智能化和专业化的方向发展。

教育政策的推动还将激发行业内部的潜力，提升从业者的综合素质和专业技能，推动档案信息资源行业向着更高水平迈进。只有通过教育政策的不断推动，才能创造更多的发展机遇和创新空间，为行业的繁荣发展打下更加坚实的基础。

未来，随着教育政策的不断完善和深化，档案信息资源继续教育将不断迎来新的发展机遇和挑战。只有通过教育政策的有力支持，行业才能够保持续的创新活力，更好地适应信息化建设的需要，为社会提供更加优质的服务和资源。教育政策的不断推动将成为档案信息资源行业发展的强大动力，引领行业不断向前发展，为社会进步和发展做出更大的贡献。

（四）教育部门档案信息资源管理职业资格认证要求

教育部门档案信息资源管理职业资格认证要求主要是针对档案信息资源管理相关专业人员的素质和能力进行规范认证，以确保其在档案信息资源开发与利用方面具备必要的能力和知识。这些认证要求通常包括相关法律法规的了解和遵守、信息资源管理论的掌握、档案管理系统的操作能力、信息检索与分析技能等方面的考核。通过认证，可以提升档案信息资源管理人员的专业水平，更好地适应未来档案信息资源开发与利用的需求，推动行业的可持续发展。

（五）学校档案信息资源开发的政策保障

学校档案信息资源开发的政策保障对于未来档案信息资源的发展至关重要。只有通过政策的规范管理和支持，学校档案信息资源才能得到有效的开发和利用。在未来，随着信息技术的不断进步和社会的发展，学校档案信息资源开发的政策保障也需不断完善和更新。关于教育培训政策与档案信息资源利用，政府和学校需要在政策上加大投入和支持力度，以促进档案信息资源的利用和传承。只有政策的不断完善和更新，学校档案信息资源才能更好地为教育事业和社会发展服务。

学校档案信息资源开发的政策保障是学校档案管理工作的基础。政策的规范管理和支持，可以有效地保护和利用学校档案信息资源。随着信息技术的快速发展和社会的不断变革，学校档案信息资源开发的政策保障也需要与时俱进。政府和学校应该加大投入和支持力度，促进档案信息资源的有效利用和传承。只有不断完善和更新政策，学校档案信息资源才能更好地为教育事业和社会发展提供支持。为了实现这一目标，政府和学校需要密切合作，制定出更加周密和有针对性的政策措施，以适应不断变化的环境和需求。同时，学校档案管理部门也需要不断提升管理水平，加强技术应用和人才队伍建设，为学校档案信息资源的开发和利用提供坚实的保障。只有通过政策的有力支持和学校内部管理的不懈努力，学校档案信息资源才能真正发挥出应有的作用，为学校发展和教育事业做出更大的贡献。

五、档案信息资源开发与可持续发展政策关联

(一) 环保政策在档案信息资源数字化进程中的影响

未来档案信息资源发展趋势将呈现出多样化和数字化的特点，开发与利用之间的关系将更加密切。随着科技的不断进步，档案信息资源利用技术也将不断创新，物联网技术的应用将为档案信息资源的开发与利用带来新的可能性。政策的保障将为未来档案信息资源的发展提供有力支持，特别是与可持续发展政策的关联将推动档案信息资源的可持续发展。同时，环保政策在档案信息资源数字化进程中的影响也将逐渐显现，为保护环境和资源的可持续利用提供更加有效的手段。

(二) 社会资源可持续发展政策下的档案信息资源利用

在未来，随着信息技术的不断发展，档案信息资源也将迎来新的发展趋势。档案信息资源的开发与可持续发展之间存在着密不可分的关系，需要不断探索新的利用技术和方法。其中，物联网技术的应用将为档案信息资源的利用带来革新，为未来的发展注入新的活力。为了保障档案信息资源的开发与利用，政策的制定和完善是至关重要的。档案信息资源开发与可持续发展政策的关联也需要进一步深化，以满足社会资源可持续发展政策对档案信息资源利用的需求。在社会资源可持续发展政策的引领下，档案信息资源的利用将得到更多重视和支持，为社会发展提供更加有力的支撑。

在未来，随着信息技术的迅速进步和档案信息资源的不断丰富，人们对档案信息资源的利用也会有更多新的可能性。物联网技术的广泛应用将为档案信息资源的开发和利用带来全新的途径和方式。政府部门将在政策的制定和完善方面扮演着重要的角色，以促进档案信息资源的可持续发展。同时，社会资源可持续发展政策的不断深化和完善也将推动档案信息资源的利用得到更多的重视和支持。

档案信息资源的开发和利用不仅能够满足社会资源可持续发展政策对信息资源的需求，还能够为社会各个领域提供更加有效的支持和保障。通过不断探索新的利用技术和方法，档案信息资源的潜力将得到更充分的发挥，为社会发展注入更多的动力和活力。随着政策的引领和支持，档案信息资源的广泛运用将为社会各个行业带来更多的发展机遇和创新空间，推动整个社会向着更加繁荣和可持续的方向迈进。

在不断拓展档案信息资源利用的同时，还需要加强监督和管理，确保档案信息资源的安全和稳定。只有通过政策的引领和社会各方的共同努力，档案信息资源才能真正发挥其应有的作用，为社会发展和进步提供持久的支撑。愿未来，档案信息

资源在社会资源可持续发展政策的引领下，能够持续不断地发展壮大，为建设美好的未来贡献更多力量。

(三) 档案信息资源管理政策支持社会经济可持续发展

未来档案信息资源发展趋势将与可持续发展密切相关，并且将受到物联网技术的进一步推动。档案信息资源开发与可持续发展之间的关系将得到更加深入的研究和理解，同时档案信息资源利用技术也将不断发展。物联网技术的应用将为档案信息资源利用带来全新的创新，未来档案信息资源开发与利用也需要政策的保障。档案信息资源发展与可持续发展政策的关联将得到更多的关注，而档案信息资源管理政策也将更加支持社会经济的可持续发展。

未来的发展趋势显示，档案信息资源管理政策对于支持社会经济的可持续发展将发挥越来越重要的作用。随着物联网技术的迅猛发展，档案信息资源的开发与利用将迎来全新的机遇和挑战。这关系不仅是在理论层面上的联系，更会在实践中得到验证与落实。政策的规范和保障将成为档案信息资源开发与利用的重要支撑，为整个社会经济体系的可持续发展提供基础和保障。

随着科技的不断进步和社会的飞速发展，档案信息资源的管理政策也必将随之不断完善与更新。这将促进档案信息资源开发与利用技术的不断创新，为社会经济的可持续发展提供强有力的支持。政策的制定应该更加注重社会的长远利益，着眼于整个社会经济的长期发展和繁荣。只有这样，档案信息资源的开发与利用才能真正发挥出其应有的作用。

未来，随着物联网技术的广泛应用，档案信息资源管理政策将借助这一技术的力量，实现更高效、更便捷的档案信息资源开发与利用。政策的支持将成为社会经济可持续发展的重要保障，为国家的长远发展提供坚实的基础。通过不断加强档案信息资源管理政策的完善与落实，我们将迈向一个更加繁荣和可持续的未来。

参考文献

[1] 高聪.疾控档案信息资源开发与利用探讨[J].黑龙江档案,2021,(06):36-37.

[2] 李文琼.档案信息资源开发利用研究[J].兰台内外,2021,(31):70-72.

[3] 汪建定.探究城建档案信息资源的开发与利用[J].信息记录材料,2023,24(11):57-59+62.

[4] 陈莹.集团企业档案信息资源开发利用[J].黑龙江档案,2021,(05):162-163.

[5] 林雯雯.档案馆档案信息资源开发利用路径探寻[J].黑龙江档案,2022,(06):266-268.

[6] 王新.红色档案信息资源的开发利用研究[J].山东档案,2022,(05):58-59.

[7] 丛树清.档案馆信息资源开发利用研究[J].黑龙江档案,2021,(04):124-125.

[8] 刘洁,邹如萱.城建档案信息资源开发利用探析[J].重庆建筑,2021,20(11):34-35+39.

[9] 房燕红,朱丽娜,王桔.新时代高校档案信息资源的开发利用[J].文化产业,2021,(07):86-87.

[10] 徐振业.企业档案信息资源开发利用工作研究[J].兰台内外,2021,(03):37-38.

[11] 叶肖凤.医院档案信息资源建设及开发利用研究[J].兰台世界,2023,(S1):156-157.

[12] 张璐璐.新时期党校档案信息资源的开发利用[J].黑龙江档案,2022,(02):113-115.

[13] 徐洁.新时代高校档案信息资源的社会化开发与利用[J].黑龙江档案,2021,(05):40-41.

[14] 孙宏伟.城建档案信息化建设与城建档案信息资源开发利用研究[J].未来城市设计与运营,2023,(09):84-86.

[15] 杨早.融媒体时代档案信息资源的开发利用研究[J].兰台内外，2022，(27)：3-5.

[16] 刘燕.大数据背景下档案信息资源开发利用研究[J].兰台内外，2023，(23)：28-30.

[17] 孔斌.数字化档案信息资源开发利用路径探析[J].兰台内外，2023，(19)：7-9.

[18] 陈哲.大数据时代下档案信息资源开发利用存在的问题与对策[J].兰台内外，2021，(21)：38-39.

[19] 徐佰宝.融媒体背景下的档案信息资源开发利用研究[J].兰台内外，2023，(07)：7-9.

[20] 孙姝.融媒体背景下的档案信息资源开发利用研究[J].兰台世界，2022，(04)：96-98.

[21] 吴健.环保档案信息资源共享与有序利用[J].兰台内外，2022，(18)：70-71+49.

[22] 夏静怡.智慧城市背景下城建档案信息资源开发利用探讨[J].未来城市设计与运营，2023，(05)：84-86.

[23] 安楚，康璐燕，周欣姝，彭佳雨.融媒体时代矿山地质档案信息资源开发利用研究[J].世界有色金属，2023，(14)：166-168.

[24] 徐鸿燕.浅谈我区水利勘测设计行业档案信息资源开发利用[J].内蒙古水利，2022，(04)：77-78.

[25] 王玉群.大数据时代企业档案信息资源开发利用的创新思路[J].档案记忆，2022，(09)：60-62.

[26] 徐玫.强化医院档案规范管理促进档案信息资源利用[J].黑龙江人力资源和社会保障，2022，(08)：89-91.

[27] 王超宇.长株潭地区洪涝灾害档案信息资源开发利用研究[D].导师：王晖.湘潭大学，2021.

[28] 赵静."档案+"与红色档案的开发利用[J].山东档案，2022，(03)：46-47.

[29] 李冬.网络环境下深化档案信息资源开发的思考与实践[J].黑龙江档案，2021，(01)：93-94.

[30] 何惠云.大数据时代企业档案信息资源整合与利用研究[J].兰台内外，2021，(24)：33-34.